Peter Hahne · Nur die Wahrheit zählt

Peter Hahne

Nur die
Wahrheit zählt

Bibliografische Information der Deutschen Nationalbibliothek

Die Deutsche Nationalbibliothek verzeichnet diese Publikation in der
Deutschen Nationalbibliografie; detaillierte bibliografische Daten sind im
Internet über http://dnb.d-nb.de abrufbar.

ISBN 978-3-8429-1001-0

Bestell-Nr. 512 1001

2. Auflage 2011
© 2011 mediaKern GmbH, Schuttern
Umschlagbild: © picture-alliance/Erwin Elsner
Umschlaggestaltung und Layout: Ch. Karádi
Herstellung: BasseDruck GmbH, Hagen

www.media-kern.de

Inhalt

Eine Reise, die sich Leben nennt	10
Was bleibt, wenn wir gehen?	10
Zeit zum Leben	21
Unterwegs ins Land des Lächelns	24
Irrwege, Abwege, Holzwege	31
Von Todsünden und Lebensperspektiven	31
Götterdämmerung	38
Maß-Menschen	45
Massenmensch und Massenmedien	53
Ein Auslaufmodell läuft und läuft	59
Lebensmitte und Lebensmittel	73
Wurzeln, Werte, Wahrheiten	73
Nur das Echte zählt	81
Führungskräfte	88
Für Leute von heute	90
Schnee von gestern	93

Wo nichts beim Alten bleibt 97

Mutmacher statt Miesmacher 97
Heidenangst und Christusfreude 104
Der Fluch der Eile 110
Tyrann Terminkalender 113
Seitensprünge 115

Dem Ziel entgegen 120

Dabei sein ist alles 120
Lebenssatt, nicht lebensmüde 123
Fortsetzung folgt 129
Worauf wir uns verlassen können 131
Sehnsucht nach Segen 133

Vorwort

Peter Hahne zitiert in seinen Vorträgen gerne den altbekannten bayerischen Komiker Karl Valentin. Von ihm gibt es die Anekdote, wie er in Münchens Innenstadt auf die Passanten zugeht und fragt: »Können Sie mir sagen, wo ich hinwill?« Damit bringen der TV-Moderator heute wie der »Comedian« damals auf humorvolle Weise eine messerscharfe Wahrheit auf den Punkt: Unsere Gesellschaft weiß nicht mehr, wo sie hinwill, wo es langgeht und welche Ziele und Maßstäbe sie braucht.

Die Frage nach der Wahrheit in einer Welt des Vertuschens, Verschleierns, Verschiebens und Verharmlosens wird immer drängender und dringender. Politik, Wirtschaft, ja auch Kirchen verweigern sich der klaren Aussage. »Man darf Zumutungen nicht scheuen, muss dem Bürger aber alles verständlich und verstehbar erklären« (Joachim Gauck). In einer »Diktatur des Relativismus« (Papst Benedikt XVI.), in der alles gleich gültig und damit gleichgültig erscheint, wird die Wahrheit geradezu als Befreiung empfunden.

Diese gute Nachricht bringt der prominente und profilierte Hauptstadtkorrespondent, der ja meist mit schlechten Nachrichten zu tun hat, präzise und prägnant unter die Leute. Er tut das auf eine Art, die jeder versteht. Peter Hahne redet Klartext ohne Girlanden der Gelehrsamkeit und die Attitüde der Besserwisserei. Deshalb wird er gehört und gelesen wie kaum jemand in Deutschland. Kein Wunder, dass der Nachrichtenprofi 2010 zum beliebtesten männlichen Politik-Talk-Moderator gewählt wurde. Immer wieder werden wir gefragt, wo es Kernaussagen, neuere Artikel und aktuelle Vorträge von Peter Hahne zu lesen gibt. Während seine Kolumnen in Europas auflagenstärkster Sonntagszeitung »Bild am Sonntag« regelmäßig als Buch erscheinen, gibt es sonst keine zusammenfassende Veröffentlichung einzelner Wortbeiträge des beliebten und bekannten Berliner TV-Moderators, gefragter Gast in allen relevanten Talk-Shows.

Wir haben Peter Hahne gebeten, seine Gedanken zu aktuellen Themen unserer Zeit als konzentrierte Sammlung herauszugeben. Das reicht von persönlichen Lebensfragen über die Bedeutung des Glaubens für unsere Gesellschaft bis hin zur Politikverdrossenheit und Bürgerwut in einem Land, das offenbar zunehmend Orientierung, Maßstäbe und Richtung verloren hat.

Daraus ist über die Jahreswende dieses Buch entstanden, das unser junger Verlag in der Hoffnung herausbringt, dass es viele Leser erreicht und zum Nachdenken und Nachmachen, zu Hoffen und Handeln ermutigt – ähnlich wie Hahnes Millionen-Bestseller »Schluss mit lustig! Das Ende der Spaßgesellschaft«.

Diesmal beklagt er unsere Gesellschaft als Stimmungs- und Zuschauerdemokratie. Er will jedoch nicht Miesmacher, sondern Mutmacher sein. Kein Bedenkenträger, sondern Hoffnungsträger.

Karlheinz Kern, mediaKern Verlag
im Januar 2011

Eine Reise,
die sich Leben nennt

Was bleibt, wenn wir gehen?

Daran kann selbst die akute aktuelle Finanzkrise nichts ändern: Keine Generation hat ihren Kindern mehr an Gut und Geld vererbt als die heutigen Senioren, die Aufbaugeneration im Wirtschaftswunderland der Nachkriegszeit. Jetzt, zu Beginn des dritten Jahrtausends, werden Billionen von Werten vererbt. Es ist so viel Geld, es sind so viele Immobilien und Rücklagen vorhanden, dass die größte Wirtschaftskrise sie nicht zerstören könnte.

Doch was vererben wir jenseits der materiellen Werte? Kann es sein, dass ausgerechnet die reichste Generation aller Zeiten in dieser Frage bettelarm ist? Dass wir uns etwas in die Tasche lügen und die Wahrheit verdrängen, dass wir nämlich längst bankrott sind? Denn die Finanzkrise, die im Oktober 2008 so dramatisch begann, ist in Wahrheit eine Vertrauens- und Wertekrise. Der Verfall ideeller und materieller Werte bedingen einander, sind quasi die zwei Seiten derselben Medaille. Wo zum Beispiel Ehrlichkeit und Anstand keine Konjunktur mehr haben, merkt man das bald bei den Bilanzen. Thomas Manns »Buddenbrooks« lassen grüßen: »Sei mit Fleiß bei den Geschäften am Tag, aber mache nur solche, bei denen du nachts ruhig

10

schlafen kannst!« Wo Gier und Geiz die neuen Tugenden sind, merken wir das im Kühlregal und auf dem Konto. Dioxin- und Bankskandale sprechen für sich. Dass wir die Kreatur Tier zum Gammelfleisch-Produzenten degradieren und pervertieren, ist doch Beweis genug, dass wir von allen guten (heiligen) Geistern verlassen sind!

In einem Schweizer Aufsatzwettbewerb für Abiturienten schrieb ein junger Mann über die heutige Elterngeneration, und es klingt wie eine Bankrotterklärung: »Ihr habt uns halbstark gemacht, weil ihr schwach seid. Ihr habt uns keinen Weg gewiesen, der Sinn hat. Weil ihr selber den Weg nicht kennt und versäumt habt, ihn zu suchen.« – »Nicht Krieg, sondern der Verlust der Werte bedroht unsere westliche Welt«, titelte eine angesehene Tageszeitung. Als Bestandsaufnahme unserer Zeit brachte eine große Sonntagzeitung die Schlagzeile: »Es wird kalt, es fehlt etwas in dieser Gesellschaft.« Bei den aktuellen Fragen der Gesundheits- und Rentenpolitik macht sich ein gnadenloser Verteilungskampf breit, eine Kultur der Unbarmherzigkeit. Kein Wunder, dass ausgerechnet der liberale »Stern« die »Neue Sehnsucht nach alten Werten« zur Titelgeschichte machte. Ein Hilferuf!

Für den Verlust von Werten zahlen wir einen hohen Preis: steigende Kriminalität, zunehmende Gewalt, Zerfall der Familien, Unfähigkeit zu Bindungen und Freundschaft. Dass es nach dem Aussetzen der Wehrpflicht nicht gelingt, ein »Soziales Jahr« für alle jungen Leute als Dienst an der Gesellschaft zu installieren, spricht Bände. Diesen Dienst mahnt Bundeskanzlerin Angela Merkel in ihrer

Neujahrsansprache 2011 zu Recht an als »Chance für unser Land, denn wir brauchen die Solidarität von allen«.

»In einem Land«, so ein Kommentar zur Jahreswende 2010/2011, »in dem das Wort Norm als Schimpfwort gilt und derjenige, der christliche Moral anmahnt, schnell als unverbesserlicher Reaktionär abgestempelt zu werden droht, kann es auch nicht anders sein.« Papst Benedikt XVI. nennt als Grundübel unserer Zeit die »Diktatur des Relativismus«, wo alles gleich gültig und damit gleichgültig wird.

An die Stelle klassischer Werte wie Vertrauen, Wahrhaftigkeit, Geduld, Mut – auch Sanftmut und Demut – sind die neuen Werte getreten: Erfolg und Effizienz, Autonomie und Dominanz, Lust- und Nützlichkeitsprinzip. Dankbarkeit und Dienstbereitschaft sind Fremdworte. Verantwortung hat der Selbstverwirklichung Platz gemacht. Es herrscht der Zeitgeist, jene Mischung aus dicker Mode und dünner Moral. Man hat keine Standpunkte mehr, man liegt nur noch richtig – im Modetrend natürlich. Das Hinterfragen von Werten ist zur Methode geworden. »Bleibe im Fragen, und du brauchst nicht zu gehorchen«, warnte schon Dietrich Bonhoeffer.

Der viel beklagte Werteverlust ist letztlich die Folge von Sinnverlust. Die Sehnsucht nach Werten ist im Tiefsten die Suche nach Sinn. In einer Zeit wirtschaftlicher Instabilität merkt nun auch der Letzte, dass der eigene Selbstwert mehr sein muss als der augenblickliche Standort auf der Karriereleiter oder der aktuelle Kontostand. Der »Spiegel«-Journalist Matthias Matussek spricht 2010 in einem Weihnachtsinterview der Evangelischen Nachrichtenagentur idea über ein »spirituelles Hungergefühl« der satten Atheisten: »Bei vielen habe ich das Gefühl, dass sie auf einer religiös ungesättigten Suche sind. Die Leute sind einfach nicht glücklich, ihre religiöse Energie flottiert, sie suchen.«

Psychologen bestätigen uns durch ihre neuesten »Burnout«-Forschungen, was die älteste Lebens-Bedienungsanleitung, die Bibel, schon längst diagnostizierte: Karriere, Konsum und Kommerz sind nicht alles. Der Mensch ist mehr wert als die Summe seiner Leistungen. Wer die Mittel zum Leben mit dem Leben selbst verwechselt, ist bald erschöpft und ausgebrannt. »Burnout«: Aus Feuer wird Asche. »Es ist schön, Geld und Erfolg zu haben. Dies hat aber mit den wahren Werten des Lebens nichts zu tun« (Yehudi Menuhin).

Wir brauchen Menschen, die über einen Wertevorrat verfügen. Die aus den »Wurzeln des Überlieferten« (Wolfgang Schäuble) Kraft schöpfen und daher lebens- und leidensfähig sind. Solche Leute sind für unsere Gesellschaft unverzichtbar. »Wenn wir keine Schnittmenge erprobter Normen und Werte mehr haben, dann wird der notwendige gesellschaftliche Konsens unmöglich« (Roman Herzog).

Eine der großen Fragen unserer Zeit ist die Wissenschaftsethik. Darf der Mensch alles, was er kann? Es ist nämlich nicht »nur« das geklonte Tier, das fragen lässt: Wo sind die Grenzen von Forschung und Technik? Ja, wer setzt die Grenzen? Längst ist es möglich, durch Embryonenforschung und Präimplantationsdiagnostik (PID) das Designerbaby zu schaffen, das die gewünschte Haar- oder Augenfarbe genauso hat wie keine Veranlagung zu lebensbedrohenden Krankheiten oder Behinderungen. In den USA gilt bereits die Anlage zur Fettleibigkeit als Grund zur »Auslese«. Aus der Erfahrung deutscher Zeitgeschichte kann man da nur mahnen: Wehret den Anfängen!

»Wenn Gott nicht existierte, so wäre alles erlaubt« (Dostojewski). Werte kann nur der setzen, der das Leben geschaffen hat. Ohne Rückbindung an Gott wäre Ethik nur beliebig. Es ist bezeichnend, dass selbst Atheisten vor dem Atheismus warnen! Für den Sozialisten Gregor Gysi ist eine gottlose Gesellschaft eine schreckliche Vorstellung. Im ZDF meinte er: »Eine gottlose Gesellschaft: Das heißt eine Gesellschaft des reinen Pragmatismus, wo man heute das denkt und morgen jenes denkt und überhaupt keine moralisch einigermaßen verbindlichen Maßstäbe mehr hätte. Im Augenblick sind nur die Kirchen in der Lage, einigermaßen allgemein verbindliche Moralnormen zu formulieren. Früher konnte das auch die Linke.«

Dennoch hat der »Spiegel«-Journalist und Ex-Kommunist Matthias Matussek nicht unrecht, wenn er Gysi vorwirft, »Religion wie ein Sozialingenieur zu sehen. Wir brauchen ein Pumpwerk für Moral, ein bisschen ethische Wärme für die Gesellschaft.« Im idea-Interview (22. 12. 2010) meint Matussek: »Die Kirche ist aber nicht in erster Linie ein Wertelieferant, sondern eine Gemeinschaft

14

von Gläubigen.« Und für Gläubige gilt der ganze Glaube, nicht nur die ethische Dimension. »Das Christentum ist nicht einfach eine Kultur oder Ideologie, selbst nicht ein System von noch so erhabenen Grundsätzen und Werten. Das Christentum ist eine Person, eine Gegenwart, ein Gesicht: Jesus Christus, der dem Leben der Menschen Sinn und Inhalt gibt« (Papst Johannes Paul II.).

Wenn diese Botschaft nicht mehr zentrales, konkurrenzlos wichtigstes Element kirchlicher Verkündigung ist, liefert auch diese Organisation nur noch Steine statt Brot. Wo sonst könnte die Seele Ruhe und das Herz Frieden finden, wo sonst kann gebeichtet und getröstet werden? Wo gibt es Seelsorge und aufbauende, ermutigende Predigt? »Die Kirche geht an ihren unberufenen Dienern zugrunde«, sagte einmal der bayerische Bischof Hermann Bezzel. Man wird den Eindruck nicht los, als handele es sich auf manchen Kanzeln um verhinderte Politiker, die zu feige sind, sich zur Wahl zu stellen. Synoden verkommen zu politischen Parlamenten, die die Weltöffentlichkeit mit Erklärungen und Papieren überfluten, auf die diese gar nicht wartet und die sie auch nicht braucht. Wie skurril das sein kann, zeigt eine Landeskirche, die sich just zu dem Zeitpunkt mit dem Thema »Erderwärmung« hervortat, als Deutschland unter dem frühesten und härtesten Wintereinbruch seit Jahren ächzte. »Wer sich mit dem Zeitgeist vermählt, wird schnell zur Witwe« (Sören Kierkegaard) – oder besser: Er wird kinderlos, die Mitglieder los, das Vertrauen los.

Letzte Orientierung kann weder aus Zeitgeist und

Mode noch aus vorherrschenden ideologischen und demoskopischen Trends kommen. Dass wir bei Politikern oft nicht mehr wissen, ob abends noch gilt, was morgens gesagt, versprochen und verheißen wurde, zeigt die fatale Endstufe einer Stimmungsdemokratie, die zu einer Umfragedemokratie verkommen ist.

Mit einer Orientierungsmarke, die ich mir selbst an den Bug meines Schiffes nagele, finde ich das Ziel nie. Wir brauchen einen Ordnungs- und Verstehensrahmen, der die Vergangenheit deutet, die Gegenwart erklärt und für die Zukunft Orientierung liefert. Der uns hilft, in der Flut von Informationen nicht ins Schwimmen zu kommen.

Wir müssen doch wissen, ob eine Information gut oder schlecht ist, nützlich oder schädlich. Wir brauchen Maßstäbe, an denen wir beurteilen können, ob Informationen nebensächlich oder wichtig, Leben zerstörend oder Leben fördernd sind. Hilflos halten wir meist alles für möglich. Wir sind, wie die Amerikaner sagen, »overnewsed and underinformed«, zugeschüttet mit Belanglosigkeiten, jedoch ohne Orientierung.

Die Explosion auf dem Medienmarkt darf den Konsumenten nicht hilflos zurücklassen. Sonst sieht er in den Informationen keinen Nutzen mehr. Was früher dazu dienen sollte, das Wissen zu erweitern und die Probleme lösen zu helfen, schafft heute oft erst die Probleme. Die Medien haben, so ZDF-Intendant Markus Schächter, die Funktion von »Leuchttürmen«, wenn sie ihre Aufgabe ernst nehmen. Im Bild heißt das: Nicht selbst »Star« sein,

16

sondern als leuchtender Stern anderen Wegweisung geben, Hilfestellung zur eigenen Meinungsbildung und Problembewältigung.

Dazu bedarf es einer Berufsethik, die jenseits von Meinungsmache echte Informationen und Nachrichten ermöglicht, die ihren Namen auch verdienen: Nachrichten, nach denen man sich richten kann. Und Informationen, die in Form bringen, die lebenstüchtig machen und helfen, den Alltag zu bewältigen. Bei manchen selbst ernannten Leuchttürmen, die in Wahrheit Tranfunzeln sind, fällt mir allerdings ein Gedicht des Schriftstellers Wolfgang Borchert (1921–1947) ein, bekannt durch sein Heimkehrerdrama »Draußen vor der Tür«: »Ich möchte Leuchtturm sein in Nacht und Wind für Dorsch und Stint, für jedes Boot – und bin doch selbst ein Schiff in Not.«

So lässt sich auch das erklären, was der Psychiater, Theologe und Bestsellerautor Manfred Lütz »ungebildete Christentumskritik« nennt. Bar jeglicher Vernunft und historischer Bildung, ohne Minimalkenntnisse und Sachwissen wird bis in die Feuilletons großer Zeitungen hinein auf Christen und ihren Glauben eingedroschen. Der langjährige »Welt«-Korrespondent Gernot Facius beklagt als traurige Berufsbilanz: »Religion ist ein Zentralthema des Lebens. Religion setzt Bildung voraus. Und da liegt vieles im Argen. Das Wissen über christliche Feste ist verblasst. Wer als Christ vor dem unsäglichen Halloween-Spektakel warnt (und auf den Reformationstag verweist), wird in Feuilletons verhöhnt. Dass Advent nicht einfach mit Vorweihnachtszeit übersetzt werden soll, wird ignoriert. Mit

Luthers Rechtfertigungslehre weiß vermutlich nur eine winzige Minderheit etwas anzufangen. Beim Wort Eucharistie muss manch gestandener Redakteur erst im Lexikon nachschlagen, und wer kann dann schon noch Eucharistie (katholisch) und Abendmahl (evangelisch) auseinanderhalten? Dass evangelische Geistliche ›eine Messe zelebrieren‹, kann man sogar in Qualitätszeitungen lesen. Und beim Stichwort Vatikanum denken viele an ein exotisches Gewürz. Das ist keine Satire! Sondern: PISA lässt grüßen!« (PUR-magazin 1/2011). Die Hochform des Bildungsnotstandes findet oft ihren Gipfel in Spitzenmeldungen der Nachrichten, in denen ökumenisch und ökonomisch verwechselt werden!

Und wenn das Ganze dann noch in naivem Gutmenschen-Gehabe mit dem Flüsterbariton der Betroffenheit und der Attitüde der Political Correctness daherkommt, dann fällt mir nur noch mein Landsmann Wilhelm Busch ein: »Oft verwechselt ein Gemüte Dämlichkeit mit Herzensgüte.« Wir brauchen also einen echten »Leuchtturm-Journalismus« mit Qualität, der mit Positivem (und seien es stimmige Fakten!) Positionen setzt.

Bloße Negativmeldungen führen zur Ohnmacht und Resignation. Die Folge ist ein eigenartiger Egoismus, der nur noch die Pflege des eigenen Ichs kennt. »Wird der Mensch in der Lage sein, der Technik ethisch nachzuwachsen?«, fragt Romano Guardini hintersinnig. Der Dichter Novalis meinte bereits Ende des 18. Jahrhunderts, ein Schritt in der technischen Fortentwicklung bedürfe drei Schritte in der moralischen. Der richtige

Umgang mit Informationen ist wohl die größte Herausforderung unserer Zeit.

Der amerikanische Kommunikationswissenschaftler Neil Postman fordert deshalb eine »Kultur des Erzählens«, in der eine Generation der nächsten einen Wertekatalog mitgibt und weitersagt, was im Leben wirklich wichtig ist. Nur so werde es möglich, die Flut neuer Informationen zu kanalisieren, zu ordnen und zu beurteilen. Das beste Übungsfeld einer beispielgebenden Medienpädagogik ist und bleibt die Familie. Wer sie klein- und schlechtredet oder gar ideologisch zerstört, der hat nicht nur einen Traditionsabbruch zu verantworten. Gemäß der Erkenntnis des Philosophen Hans-Georg Gadamer »Zukunft ist Herkunft« setzt der Verfall der Familie die Verlässlichkeit der Zukunft aufs Spiel.

Die Familie ist die wichtigste Institution, um Werte zu vermitteln. Mit Menschen, die wir lieben, wertvoll umzugehen, ist das beste Rezept gegen Werteverfall. Werte wollen nicht als Worte, sondern als Vorbild und Begegnung erfahren werden. »Erziehung ist Vorbild und Liebe« (J. H. Pestalozzi).

Liebe und Wahrheit sind zwei Seiten derselben Medaille. Eine solche Wahrheit ist es dann auch, die zu echter Freiheit führt. Eine Freiheit, die vom Zwang der Selbstverwirklichung löst und zur Selbsteinschätzung befreit: Irgendwann ist auch in unserer Wohlstands- und Lustgesellschaft jede Party zu Ende – und dann beginnen die letzten Fragen. Wohl dem, der dann eine verfügbare Adresse für verlässliche Antworten hat! Was kommt zum

Beispiel, wenn wir gehen müssen? Und muss ich davor Angst haben?

Und genau hier kommt eine Dimension ins Spiel, die auszulöschen den Effekt hätte, statt Sonne nur noch Kerzenlicht zu haben (nach Christian Morgenstern). Die »Entzauberung der Welt« (Max Weber), die Leugnung alles Transzendenten, hat katastrophale Folgen. Ex-Kremlchef Michail Gorbatschow, einer der Bahnbrecher der deutschen Wiedervereinigung, nannte 2009 den Kommunismus eine »Kultur der Unbarmherzigkeit.« Er muss es schließlich wissen!

Wissen sollten es eigentlich und endlich auch jene Theologen und Kirchenfunktionäre, über die Theo Lehmann, vor der Wende meistgehörter (Jugend-)Pfarrer in der DDR, 1990 äußerte: »Das kommunistische Weltreich, das ohne Gott aufgebaut wurde, hat 140 Millionen Todesopfer gekostet und fällt jetzt vor unseren Augen zusammen. Viele Pfarrer und Kirchenführer haben immer wieder den Satz nachgequasselt: ›Der Antikommunismus ist die größte Torheit des Jahrhunderts.‹ Ich habe bisher von diesen falschen Propheten nie eine Entschuldigung für ihre kommunistische Propaganda gehört. Die Wahrheit ist: Der Kommunismus ist die größte Torheit des Jahrhunderts, und die größten Toren sind die Theologen, die das nicht kapiert haben.« Dass die Linkspartei das nicht kapiert und nach »Wegen zum Kommunismus« auf einer Podiumsdiskussion zusammen mit einer Ex-RAF-Terroristin (Berlin, Januar 2011) sucht, darf einen nicht verwundern.

Der Verlust von Maß und Mitte ist die Tragik unserer Zeit. »Die Mitte verlassen heißt: die Menschlichkeit verlieren« (Blaise Pascal).

Einer der Väter der neomarxistischen Frankfurter Schule, Max Horkheimer, brachte kurz vor seinem Tod den nihilistischen Grundirrtum der 1968er-Bewegung auf den Punkt und erklärte, dass »Politik ohne Religion absurd ist. Politik, die nicht Theologie in sich bewahrt, bleibt letzten Endes bloßes Geschäft.« Sein Schüler Jürgen Habermas gestand schließlich, »dass sowohl säkulare Vernunft wie religiöser Glaube nur davon profitieren können, wenn sie die jeweils andere Dimension nutzen.«

Insofern hat der Physiker Carl Friedrich von Weizsäcker recht mit seiner Erkenntnis, die seine Fachkollegen überraschte: »Christen bewahren die einzige Wahrheit, die tiefer reicht als die Wahrheit der Wissenschaft, auf der das Atomzeitalter ruht. Sie bewahren ein Wissen vom Wesen des Menschen, das tiefer wurzelt als die Rationalität der Neuzeit. Der Augenblick kommt immer wieder und unweigerlich, in dem man, wenn alles Planen scheitert, nach dieser Wahrheit fragt.«

Zeit zum Leben

»Für einen Augenblick Zeit würde ich meine ganze Habe geben«, so die britische Königin Elisabeth I. (1558–1603) auf ihrem Sterbebett. Welch eine tiefe Sehnsucht: Das Leben verlängern. Den Tod vertagen. Noch ein paar geschenkte Jahre. Da wird Zeit plötzlich zum kostbarsten Gut. Das, was man sich vorher oft sinnlos vertrieb, wird nun fest umklammert. »Ich frage mich manchmal, wo die Zeit geblieben ist. Ich hätte gerne noch mehr Leben übrig«, meinte die beliebte Schauspielerin Iris Berben hintersinnig.

Statistisch gesehen wird ein Mädchen, das heute in Deutschland geboren wird, knapp 93 Jahre alt, jedes vierte wird über 100. Für Jungen errechnet die Studie der Universität Köln vom Juni 2010 eine durchschnittliche Lebensdauer von fast 88 Jahren. Wir haben heute eine um 30 Jahre höhere Lebenserwartung als unsere Vorfahren vor 100 Jahren.

Und dennoch gibt es nicht wenige, die am liebsten noch länger leben würden. So fasziniert unsere säkularisierte, postmoderne Gesellschaft eine neue Religion von Wellness und Fitness, ja ein regelrechter Gesundheitswahn. Man will immer mehr Zeit – doch wofür und mit welchen Absichten und Ansprüchen?

Wie gehen wir mit der Zeit um? Die einen verspielen sie auf der Suche nach Glück, sie verplempern und verprassen sie. Viele schlagen sie tot wie einen Feind. Andere vertreiben sie sich, weil sie langweilt. Zerstreuung, Ablenkung, Unterhaltung. Die Zeit wird verbraucht, damit sie nicht quält. Bis es zu spät ist.

Hektik und Stress werden zugleich verflucht und gesucht. Wir haben Angst vor der Pause. Was soll man machen, wenn man nichts mehr machen kann? Atemlos hetzen wir durch unser Leben. Die Gier nach mehr lässt uns nicht zur Ruhe kommen. Ein bekannter Spezialist der Inneren Medizin sagte mir beim Rundgang durch seine Intensivstation: »Hier liegen 90 Prozent selbstverschuldete Fälle.« Volle Kalender, getrieben von Überstunden, Unrast und Stress. Alles nach dem Motto: »Das wird mir doch nichts ausmachen.« Doch nach dem dritten Herzinfarkt ist alles zu spät und die Uhr abgelaufen.

Wir fürchten, etwas zu verpassen – und sei es das Leben. Der Fluch der Eile lässt unsere Seele verkümmern. Der Mensch kann ohne Stress und Hektik nicht existieren. Der Blick auf die Uhr ist der Orientierungspunkt der Moderne. Die Sprache verflacht. Die Maßstäbe verlieren sich. »Können Sie mir sagen, wo ich hinwill?«, fragte der Komiker Karl Valentin einst hintersinnig die Passanten in Münchens Innenstadt. Ohne Ziel gibt es keinen Weg, ohne Maß und Mitte keinen sinnvollen Umgang mit der Zeit.

Junge Leute können nicht abwarten, bis sie vergeht. Die Alten möchten sie gern noch etwas festhalten. Den einen rinnt sie wie Sand durch die Finger. Den anderen hängt sie als schwere Last wie ein Mühlstein um den Hals. Dabei ist nichts so kostbar wie das Geschenk der Zeit.

Leere Zeit wird zur Last. Erst erfüllte Zeit wird zur Lust. Glücklich ist der, der die Zeit als Chance begreift. Man kann in einer einzigen Minute sein ganzes Leben zerstören oder die letzte Erfüllung finden. Es liegt an uns, was wir aus dem Geschenk der Zeit machen. Verlorene Zeit macht lebensmüde. Gewonnene Zeit macht lebenssatt.

Zeit ist ein Geschenk Gottes. Sie läuft ab wie der Sand einer Uhr. Unwiederholbar. Ich kann sie nicht festhalten. Aber nutzen! Und dankbar annehmen. Erfüllt ist die Zeit, wenn ich jeden Tag bewusst von Gott empfange, ihn in seinem Namen beginne und in seine Hände wieder zurücklege. So ist jeder Tag ein Schatz, den es sorgsam zu hüten gilt. Eine Leihgabe, für die es einmal geradezustehen gilt.

Nicht Jahre voller, sondern Jahre erfüllter Zeit stillen den Hunger nach Leben. Mit Gott wird alles gewonnen; ohne ihn ist alles verloren – auch der Segen der Zeit. Wenn die Jahre leer bleiben, hat man das Leben irgendwann satt. Wenn sie erfüllt sind, sterben wir lebenssatt. Wir brauchen nicht mehr Jahre zum Leben, sondern mehr Leben in den Jahren. Wer die Zeit totschlägt, der verpasst das Leben.

Deshalb sollten wir uns Zeit nehmen, Gott zu suchen und das Leben zu finden. »Gott kennen heißt leben« (Leo Tolstoi).

Unterwegs ins Land des Lächelns

Ein bayerischer Kollege erzählt, wie sein Sohn Martin zum ersten Mal mit auf die große Maiwanderung durfte. Er ist schon ganz aufgeregt, packt seinen Rucksack, dann geht es los. Durch Wiesen und Felder, schließlich ein Stück hinauf in die Berge, in die schmale Schlucht mit dem reißenden Bach. Martin hält tapfer durch, plaudert mit den anderen und erzählt ihnen, was er so alles sieht. Plötzlich zieht ein Unwetter auf, dunkle Wolken verhängen den strahlend weiß-blauen Himmel. Und genau, als sie in der engen Schlucht sind, beginnt es zu donnern und zu blitzen. Ein richtiges Berggewitter.

Da wird Martin schlagartig still, läuft stumm neben seinem Vater her, legt seine Hand in die des Vaters und fragt ängstlich: »Papa, du bleibst doch da?« – »Ja, ich bleibe da. Du brauchst keine Angst zu haben.« Bald wird es wieder hell, der Himmel reißt auf. Das Gewitter ist so schnell verzogen, wie es gekommen ist. Und Martin plaudert wieder fröhlich vor sich hin, als wäre nie etwas gewesen ...

Unser Leben ist wie eine große Wanderung. Stillstand bedeutet Tod, Dynamik ist Leben. Miteinander und meist munter und mutig sind wir unterwegs. Es gibt viel zu erleben, es geht voran. Wir sind fröhlich, wenn das Glück uns lacht und die Sonne des Erfolgs aufgeht. Doch immer wieder bewölkt sich der Himmel, Unwetter nahen am Horizont. Dunkle Sorgen legen sich auf unser Leben. Der Glanz verliert sich im grauen Alltagstrott. Leid macht uns einsam und hilflos. Wir werden still, wenn man uns kränkt und verwundet. Eine der schlimmsten, weil vermeidbarsten Volkskrankheiten unserer Leistungsgesellschaft ist das Mobbing.

Die Sonne geht unter in all den Mühen und Kämpfen. Wie ein Donnerwetter melden sich Kummer und Schmerz. Angst drückt uns nieder. Auch die Last der Schuld macht uns zu schaffen. Die Schatten des Todes

25

fallen auf uns. Wenn man den Zenit erreicht hat, merkt man plötzlich, dass es immer einsamer um einen wird, dass die Einschläge immer näher kommen und man immer häufiger Abschied nehmen muss von alten Weggefährten.

Nein, unser Leben ist wirklich kein Spaziergang, und der Himmel hängt nicht immer voller Geigen. Das Leben ist auch keine Fahrt ins Blaue. Es geht doch niemand zum Bahnhof und verlangt »eine Fahrkarte für fünf Euro geradeaus«. Wir brauchen klare Ziele und Perspektiven, festen Grund unter den Füßen. Und die Bereitschaft, uns dann auch zielorientiert und zielgemäß zu verhalten, auch wenn der Weg oft schwer ist.

Unser Leben ist eine Wanderung. Eine Wanderung mit einem klaren Ziel. Der niederrheinische Kaufmann und Liederdichter Gerhard Tersteegen (1697–1769) hat es auf den Punkt gebracht: »Das Leben ist ein Wandern zur großen Ewigkeit.« Wir sind als Christen zum Himmel unterwegs. Zur ewigen Freude. Das hat mit süßlicher Romantik und Jenseitsvertröstung nichts zu tun!

Unser Ziel ist das Land des Lächelns, »denn Gott wird abwischen alle Tränen von unseren Augen« (Offenbarung 21,4). Gott kann aber nur die Tränen trocknen, die geweint worden sind. Das hilft, Lebenskrisen zu verstehen und durchzustehen. Gottes Wege gehen nicht nur auf sonnige Höhen, sie sind nicht lauter Highlights unter strahlendem Himmel. Tiefe Täler bleiben keinem erspart. Aber jedem gilt die feste Zusage des guten Hirten: »Und ob ich schon wanderte im finstern Tal, fürchte ich kein

Unglück; denn du bist bei mir ...« (Psalm 23,4). Ich möchte nicht wissen, wie viel Millionen Menschen rund um den Globus dieses uralte Wort schon getröstet und getragen hat!

Das wichtigste Rüstzeug auf der Lebenswanderung ist die Gegenwart Gottes. Wie sagte Martins Vater noch? »Ich bleibe da. Du brauchst keine Angst zu haben.« Gott sorgt dafür, dass die richtigen Menschen zur rechten Zeit in unserem Leben erscheinen. Nicht die Nutznießer in guten Tagen, sondern die echten Freunde in der Talsohle des Lebens. Menschen, auf die ich mich verlassen kann, weil sie mich nicht verlassen. Menschen, die Mut machen. Auf diese Weise werden Christen nicht aufs Jenseits vertröstet, sondern aus dem Jenseits getröstet.

Christsein ist kein Standpunkt, sondern ein Weg. Stillstand ist Rückschritt. Deshalb schreiten Christen vorwärts, dynamisch und zielstrebig. Dieser Weg braucht einen konkreten Anfang. Auch der weiteste Weg beginnt mit dem ersten Schritt. Gott lädt uns ein. Nicht zu einem beschaulichen Bummel, sondern zu einer spannenden Abenteuerreise. Wenn Gott ruft, ist es mit der Gemütlichkeit zu Ende. Aufbruch heißt Abbruch. Ich muss Altes lassen, um Neues fassen zu können. Der Weg mit Christus heißt Nachfolge, nicht Nachplappern. Ich verlasse die Kuschelecke der Unverbindlichkeit und mache mich auf den Weg. Auch auf den Weg zu den Menschen. Denn wem der Himmel gewiss ist, dem darf die Erde nicht gleichgültig sein.

Zu viele haben sich in dieser Welt eingerichtet. Wir

nennen unsere Organisationen ja bereits Einrichtungen. Es gilt, die Hausschuhe der Behaglichkeit mit Wanderschuhen einzutauschen. Die Botschaft des Friedens verträgt keine verbissenen Gesichter. Wir brauchen eine neue Beweglichkeit, weg von der Bequemlichkeit.

Diese Lebensreise gibt es gratis, aber sie ist nicht umsonst. Eine Wanderung bekommt erst vom Ziel her ihren Sinn. Das Ziel zieht, auch wenn der Nebel den Weg verhüllt. »Wenn ich auch gleich nichts fühle von deiner Macht, du führst mich doch zum Ziele, auch durch die Nacht«, dichtet die baltische Liedermacherin Julie Hausmann (1826–1901) in ihrem Lied »So nimm denn meine Hände«, das weltweit gesungen wird.

Wir brauchen Menschen, die Durchblick haben und gegen den Strom schwimmen. Hans Magnus Enzensberger, einst Vorzeige-Intellektueller der Linken, meinte: »Wer sich dem Trend ausliefert, dem, was angesagt ist, der ist ein armer Hund. Etwas Bornierteres als den Zeitgeist gibt es nicht. Wer nur die Gegenwart kennt, muss verblöden.«

Hoffnungsträger sind gefragt. Mutmacher mit Visionen und Perspektiven. Stürmer, keine Schiedsrichter. Menschen, die mit anpacken und nicht auf der Tribüne unserer Zuschauerdemokratie sitzen. Die »den Leuten aufs Maul schauen« (Martin Luther), ohne ihnen nach dem Mund zu reden. Menschen, die verrückt sind. Verrückt aus den Fängen dieser vergänglichen Welt in die offenen Arme des ewigen Gottes. Verrückt von der Zeit in die Ewigkeit. Verrückt von der Hölle in den Himmel. Hoffnungsträger brauchen wir. Denn allein Hoffnung gibt die Energie, nicht aufzugeben, nicht umzukehren oder schlapp zu machen. Hoffnung zieht zum Ziel.

Wir brauchen aber auch Rast auf dem Weg. Stille ist das Atemholen der Seele. Gott gönnt uns die Pause. Gott ist kein Sklaventreiber, er hat sich in Jesus Christus an Weihnachten selbst vom Herrn zum Knecht gemacht. Statt aufzugeben, dürfen wir auftanken, Kraft schöpfen. Die Bibel ist Wegweisung und Wegzehrung, Rat und Hilfe, Trost und Hoffnung. Auf der Lebenswanderung hilft kein Fastfood, sondern Schwarzbrot. Wir brauchen keine religiösen Leckerbissen, sondern die Kraftnahrung aus der Ewigkeit, Worte wie jener Psalm 23 vom guten Hirten.

Als der französische Journalist Jean-Paul Kauffmann nach dreijähriger grausamer Geiselhaft in Beirut freigelassen wurde, nach Monaten in der Einzelzelle, mit Ketten an Händen und Füßen, erklärte er seinen erstaunten Kollegen der Nachrichtenagentur afp: »Gott hat mir geholfen. Ich habe niemals aufgegeben. Wenn ich verzweifelt war, habe ich gebetet. Ich war lange kein praktizierender Christ. Die Bibel habe ich nun mit neuen Augen gelesen und eine revolutionäre Schrift entdeckt. Sie war mein ständiger Trost.« In der Heiligen Schrift gibt es Wegweisung mit dem Gütesiegel der Wahrheit. »Die Bibel zeigt uns als einziges Buch Werte und Inhalte, die bleibende Gültigkeit haben« (Erwin Teufel).

Zu viele lassen sich heute von zwielichtigen Gestalten hinters Licht führen. Ein klares Ziel hat nur, wer Jesus Christus folgt, dem Licht der Welt. Er führt uns nicht hinters Licht, sondern mitten ins Licht hinein. Er setzt den trüben Irrlichtern unserer Zeit die strahlende Hoffnung der Ewigkeit entgegen. Wer ihm nachfolgt, dem geht die Sonne des Lebens auf. »Wer Gott aufgibt, der löscht die Sonne aus, um mit einer Laterne weiterzuwandern« (Christian Morgenstern).

Unser Leben geht einem großartigen Ziel entgegen. Gott hat beschlossen, dass wir in seiner Herrlichkeit ankommen sollen. Trotz Jammertal und Tränenfeld: Wir kommen an, das ist gewiss! Wir kommen an am Tag aller Tage, der ohne Ende sein wird. Wo wir Christus sehen werden, wie er ist. »Es ist das Ende gut« (Gerhard Tersteegen).

»Wenn wir das glauben können, dass am Ende der Sieg steht, können wir getrost leben« (Helmut Thielicke). Die Dinge vom Ende her sehen, das ist die beste Perspektive, um durchzuhalten. Matthias Claudius (1740–1815), der Pionier des Journalismus, beschreibt in seinem »Wandsbecker Boten« die Grundmelodie seines Lebens: »Der Mensch lebt und bestehet nur eine kleine Zeit; und alle Welt vergehet mit ihrer Herrlichkeit. Es ist nur einer ewig und an allen Enden. Und wir in seinen Händen.«

Irrwege, Abwege, Holzwege

Von Todsünden und Lebensperspektiven

Es ist nur ein schlichtes Gleichnis. Doch es fällt mir im Alltag immer wieder ein, weil es so aussagekräftig ist: Da verabreden sich die Spinnen zu einer Konferenz. Es soll um Fragen der Rationalisierung gehen. Wie kann man das Spinnennetz so reduzieren, dass man möglichst wenig Faden braucht? Ganz angetan von den Ergebnissen der Beratungen krabbelt eine der Spinnen wieder in ihr Netz zurück und beginnt, alles genau zu überprüfen. Doch sie kommt zu der ernüchternden Erkenntnis, dass sie jeden Faden ihres Netzes braucht, um ihr Futter zu fangen. Allein einen Faden entdeckt sie: Er geht hoch ins scheinbar Unendliche. »Damit habe ich noch nie irgendetwas gefangen. Er ist also sinnlos, wertlos und überflüssig.« Und unsere ach so kluge Spinne fasst den Entschluss, diesen Faden abzuschneiden. Im gleichen Augenblick bricht ihr ganzes, fein gesponnenes und lebenswichtiges Netz in sich zusammen.

In der Biographie von Jesus Christus finden wir eine solch tragische Episode, in der Menschen ihren Lebensfaden abschneiden. Es sind ausgerechnet seine Landsleute, Menschen, mit denen er aufgewachsen ist, mit denen er drei Jahrzehnte gelebt hat. Der Arzt Lukas hat

31

diese Geschichte vor 2000 Jahren aufgezeichnet (Lukas 4,14–30) – doch sie könnte genauso heute geschehen sein. Die Dichterin Ricarda Huch hat wohl recht: »In der Bibel stehen lauter alte Geschichten, die jeden Tag neu passieren.«

Jesus Christus predigt in Galiläa, im Norden Israels. Überall strömen die Menschen in die Synagogen. Wie ein Lauffeuer verbreiten sich seine Worte und Wundertaten, sodass er »von jedermann gepriesen wird«. Nun kommt er nach Nazareth. »Ist er nicht einer von uns?«, fragt man sich in seiner Heimatstadt erstaunt und empört zugleich. Warum macht er hier nicht auch ein paar kleine Wunder statt vieler großer Worte? Doch Jesus ahnt: »Kein Prophet gilt etwas in seiner Vaterstadt.« Die Leute lauschen zwar seinen Worten, doch sie regen sie nicht an, die Hörer regen sich auf: Den brauchen wir hier nicht. Der stört, der passt nicht zu uns.

Seine Zeitgenossen finden es einfach unmöglich, dass Christus sie zur Umkehr auffordert. Sie wollen ein bisschen Religion, aber keine Rettung. Ein paar knackige Wunder, aber keine knallharten Wahrheiten. Dann berichtet Lukas als traurige Bilanz seines heimatlichen Auftritts: »Sie stießen Jesus zur Stadt hinaus.« Ein Satz allerdings, der in kaum einem Predigtbuch zu finden ist. Trotzdem ist er zentnerschwer und folgenreich – und er lastet bis heute auf unserer Welt.

Gott wird aus der Stadt vertrieben. Staat und Politik ohne Gott. Eine Gesellschaft ohne letzte Bindung. Harvey Cox beschreibt in seinem Buch »Stadt ohne Gott?«

den modernen Menschen als Kosmopoliten. »Die Welt ist seine Stadt geworden, und seine Stadt hat sich zur Welt erweitert. Der Prozess, der dies in Szene gesetzt hat, wird von uns Säkularisierung genannt.« Nicht nur die bahnbrechenden Erfindungen der Kommunikationstechnik haben die große Welt zum kleinen Dorf gemacht, man spricht vom »global village«.

Während unsere Dörfer und Städte einst als sichtbare Mitte steinerne Kirchen hatten, gähnt dort nun ein riesiges Vakuum. Religion verkommt zum Lorbeerkranz familiärer Feste und kultureller Jubiläen, die Kirchen zu Konzertsälen und Denkmälern, der Glaube der Reformatoren zum bloßen Kulturprotestantismus. Viele erleben das inzwischen als echtes Sinnvakuum, denn »alle Lust will Ewigkeit« (Friedrich Nietzsche). Man müsste also die Kirche im Dorf lassen, nicht mit leeren Bänken, sondern voller lebendigem Glauben.

Gott hat keinen Platz mehr. Und wo er noch einen besetzt, da wird er ihm streitig gemacht. Immer mehr Gerichte müssen sich mit Klagen gegen das Kreuz-Symbol in Schulklassen, Gerichtssälen oder Parlamenten beschäftigen. In der Charta der Europäischen Union ist Gott zur Allerweltschiffre »religiös« geschrumpft. Aus dem deutschen Grundgesetz möchten viele Gott am liebsten streichen. Doch die Geschichte lehrt, wohin das führt. Es hat einen tiefen Sinn, dass die Mütter und Väter des Grundgesetzes nach der barbarischen Nazityrannei nicht einfach sagten: »Nie wieder Krieg.« In der Stunde Null ging es ihnen um einen radikalen (lat. radix = Wurzel), an die

Wurzeln gehenden Neuanfang. Und der führte zum Vorsatz aller Grundrechte, zur Präambel des Grundgesetzes: »In Verantwortung vor Gott und den Menschen.«

Die Begründung, in den Grundgesetz-Kommentaren zum Beispiel von Roman Herzog nachzulesen, erwähnt die Bayerische Verfassung in ihrer Präambel sogar ausdrücklich: »Angesichts des Trümmerfeldes, zu dem eine Staats- und Gesellschaftsordnung ohne Gott, ohne Gewissen und ohne Achtung vor der Würde des Menschen die Überlebenden des Zweiten Weltkriegs geführt hat …«. Verfassungsrichter Udo Di Fabio erläutert: »Krieg, Verbrechen und Elend hatten tiefes Misstrauen gegen politische Heilsversprechungen erzeugt und wieder christliche Werte in die Erfahrungswelt der Menschen eingeprägt.«

Immer dann, wenn der Mensch nicht mehr weiß, dass er höchstens der Zweite ist, ist bald der Teufel los. Wenn Gott weichen muss und der Mensch die erste Stelle einnimmt, sind Extremismus und Fanatismus die Folge. Der atheistische Fundamentalismus, in dem nichts und niemand mehr heilig ist, wird zur größten Bedrohung unserer Zivilisation. Unter den Minuszeichen der Gottlosigkeit gerät alles auf die schiefe Bahn.

Nationalsozialismus, Kommunismus und totaler Libertinismus bieten bedrohliche Beispiele. Wer Gott vertreibt, verliert seine Maßstäbe. Humanität ohne Divinität wird zur Bestialität. »Der Kommunismus ist eine Kultur der Unbarmherzigkeit« (Michail Gorbatschow). Schachgroßmeister Luděk Pachman schrieb als einer der führenden Köpfe des Prager Frühlings: »Der Versuch, Gott aus unserem Leben zu verbannen, endete noch immer mit einer Tragödie.« Zur weltumspannenden Drogenseuche erklärt Papst Benedikt XVI. in seinem Interviewbuch 2010: »Da ist eine Gier nach Glück entstanden, die sich mit dem Bestehenden nicht begnügen kann. Und die dann in das Paradies des Teufels, wenn man so sagen will, flüchtet und Menschen rundum zerstört.«

Denken wir bei uns heute nur an die Wissenschaftsethik, die meint, ihre Berechtigung durch akademische Kommissionen oder parlamentarische Mehrheitsentscheidungen zu bekommen: Darf der Mensch alles, was er kann? Wer setzt die Grenzen für Gentechnik oder vorgeburtliche Diagnostik? Kommt nach dem Klonschaf nun das Designer-Baby? Schon jetzt müssen ungeborene Kinder und alt gewordene Menschen den hohen Preis unserer egozentrischen Wohlfühl- und Wellnessgesellschaft bitter bezahlen.

So ist das, wenn sie Jesus zur Stadt hinausstoßen und den Bergprediger in die Tiefe treten. Nein, wir können den, der zur Rechten Gottes sitzt, nicht einfach links liegen lassen. »Ein Volk ohne Bindung an Gott geht kaputt. Wenn Gott nicht existierte, so wäre alles erlaubt« (Fjodor Dostojewski).

Wie sehr »das sündige Treiben der Moderne« (Matthias Matussek) zum zerstörerischen Problem unserer Gegenwart wird, zeigt ein bemerkenswertes Phänomen: Im Jahr 2010 widmeten zwei links-liberale, alles andere als kirchen- und glaubensfreundliche Blätter dem Thema »Sünde« eine Titelgeschichte. Für den »Spiegel« wurde diese Ausgabe (»Triumph der Sünde«) eine der bestverkauften des Jahres. Autor Matthias Matussek erklärte dazu im idea-Interview: »Wir leben in einer Zeit der Auflösung moralischer Kategorien. Fast jede Art von Fehltritt trifft auf grenzenloses Verständnis. Aber wir müssen uns klarmachen, dass Sünde mehr ist als ein Nasch-Verstoß gegen ein Diätgebot. Wenn wir lügen oder fremdgehen, versündigen wir uns nicht nur an uns selbst oder an unseren Mitmenschen, sondern auch an unserem Schöpfer, der uns ja anders gemeint hat.« Meint ein Ex-Kommunist in messerscharfer Analyse!

Die Wochenzeitung »Die Zeit« beschreibt im Sommer 2010 »Wo die Todsünden regieren« die Stadt ohne Gott als großes Thema. In Berlin, so die liberalen Autoren, regiert der Zorn, in Hamburg der Geiz, in Düsseldorf die Wollust und in München der Hochmut – so der »Atlas der Sieben Todsünden«, die auf Papst Gregor I. (540–604) zurückgehen. Berlin kommt auf 12.958 Körperverletzungen pro einer Million Einwohner. Trotz eines hohen sozialen Engagements mit mehr als 1.300 Stiftungen seien die Hamburger besonders geizig: Bei einem mittleren verfügbaren Einkommen von 1.496 Euro pro Person und einem Armutsanteil von 14,1 Prozent gehe die Einkommensschere in der Hansestadt besonders weit auseinander.

Hochburg der Wollust sei Düsseldorf, so die »Zeit«-Recherche. Die rheinische Metropole weise eine Dichte von 21 Beate-Uhse-Läden und sogenannten »Gentlemen's Clubs« auf eine Million Einwohner auf. Einen

Spitzenwert des Hochmuts und der Eitelkeit erreicht München mit 29 Schönheitschirurgen, wieder bezogen auf eine Million Einwohner. Mit 14 Sterne-Restaurants frönen die Oberbayern der Völlerei. Und Neid sei besonders in Bremen verbreitet mit statistisch 5.313 Einbrüchen pro Einwohner-Million. In der Uckermark (Brandenburg) geben sich laut »Zeit« viele Bürger der Trägheit hin, kaum jemand sei sozial engagiert.

Tschechiens früherer Staatspräsident Václav Havel sagte bei der Wirtschaftskonferenz »Forum 2000«: »Die zunehmende Gottlosigkeit ist mitverantwortlich für die derzeitigen Krisen in der Welt.« Wo die Welt die letzten Werte verspielt, gewinnt sie nur noch Zerstörung. Wer Gott vertreibt, verliert seinen Wegweiser. Ohne Glaube geht's in die Irre. Wer Gott an den Rand drängt, verliert die Mitte, verliert den Faden, an dem alles hängt.

Der russische Dichter und Bürgerrechtler Alexander Solschenizyn mahnte in seiner Nobelpreisrede: »Holt Gott zurück in die Politik!« Das Gegenteil hatte er lange genug am eigenen Leib erfahren. Ja, Gott gehört in die Verfassung, auch in die unseres Staates. Aber was ist mit unserer Verfassung, mit der Verfassung der Menschen? Gottes Gebote sind der Rahmen für seine Ebenbilder. Wer sie nicht mehr ernst nimmt, gerät außer Fassung. »Hielten wir uns an die Zehn Gebote, wir hätten ein anderes Land« (Roman Herzog).

Jesus stört – bis heute. Wir wollen ihn und seine Botschaft nicht, also: Raus aus der Ethik, aus der Erziehung, aus dem Alltag. Höchstens noch rein in den Sonntag, in den Feiertag oder das Familienfest. Ein bisschen Christlichkeit als fromme Garnitur kann ja nicht schaden, mehr aber bitte nicht. Ein bisschen Glauben für die Kinder, Hoffnung für die Alten und ein wenig Balsam für die Seelen, mehr aber bitte nicht. So schneiden wir uns sehenden Auges den Faden nach oben ab. Dann sackt alles nach unten und in sich zusammen.

Und wir versacken gleich mit. Wer den Halt am Himmel verliert, versinkt ins Bodenlose. Wer wieder Tritt fassen will, braucht ein Fundament. Man braucht Gott, um Mensch zu sein. Wir müssen zu Gott umkehren, wenn wir weiterkommen wollen. Den Lebensfaden wieder aufnehmen, indem wir Christus annehmen.

Der irische Schriftsteller George Bernard Shaw, der lange unter dem Einfluss der atheistischen Philosophie Nietzsches stand und dem zum Beispiel die Geschichte zum Musical »My fair Lady« zu verdanken ist, sagte in einem Interview zu seinem 60. Geburtstag: »Ich bekenne, dass ich, nachdem ich 60 Jahre Erde und Menschen studiert habe, keinen anderen Ausweg aus dem Elend der Welt sehe, als den von Jesus Christus gewiesenen Weg. Es ist unmöglich, dass die Erde ohne Gott auskommt.«

Götterdämmerung

Die Szenen sind packend. Was Max Frisch in seinem Stück »Nun singen sie wieder« für die Nachkriegszeit beschreibt, ist bis heute topaktuell: Da treffen sich in der ersten Szene die Kriegstoten, russische Zivilisten, deutsche Soldaten, amerikanische Flieger. Im letzten Bild treten dann die Überlebenden des Krieges auf. Die schreckliche Zeit ist vorüber, sie reden von Wiederaufbau, Existenzgründung, Noch-einmal-von-vorn-Anfangen. Hauptsache leben – das ist ihre Devise.

Im Hintergrund, sozusagen in den Kulissen der Bühne, erscheinen nun die Toten. Sie rufen mit beschwörender Stimme: »Es müsste anders gelebt werden, ganz anders. Wir wissen es jetzt ...« Aber die Lebenden hören die Toten nicht. Sie reden und planen und machen. Der Ruf zur Umkehr geht ins Leere. »Die Menschen gehen auf ihrem Planeten im Kreis wie in einem Käfig. Weil sie vergessen haben, dass man nach dem Himmel sehen kann«, sagte der Erfinder des absurden Theaters, Eugene Ionesco, in seiner brillanten Zeitanalyse anlässlich der Salzburger Festspiele.

Wir haben Gott verloren und Götzen gefunden. »Der Mensch von heute glaubt an eine neue Dreifaltigkeit«, schreibt der dänische Satiriker Jens Rasmussen, »an den Sex, an die Zuwachsrate und an die Vorfahrt.« Die Heiligen Drei Könige des westlichen Wirtschaftswunders heißen längst Inflationsrate, Arbeitsmarkt und Bruttoinlandsprodukt. »Zeit, Arbeit und Geld sind an die Stelle der göttlichen Dreieinigkeit getreten«, so der Schriftsteller Franz Werfel.

In seinem 1939 veröffentlichten Roman »Der veruntreute Himmel« beschreibt Franz Werfel geradezu prophetisch die Ursachen für die nahende Katastrophe des

Dritten Reiches: »Wenn ich als junger Mann durch die Straßen der Städte ging, da war mir's, als müsst' ich all diese dahinhastenden Leute mit ihren stumpfen Gesichtern festhalten und ihnen zuschrein: So bleibt doch stehen und denkt einmal nach und kostet es aus, dieses ungeheure Woher – Wohin – Warum! Ich habe schon sehr früh erkannt, dass der Aufstand gegen Gott die Ursache unseres ganzen Elends ist.« Allen Warnungen zum Trotz liefen Millionen mit offenen Augen in den Untergang, wie die Hitler-Ausstellung seit Oktober 2010 in Berlin mit erschütternder Deutlichkeit zeigt.

Und heute?! Wir sind Gott losgeworden und feiern das als Fortschritt. Fortschreiten von der Wahrheit, die letztlich zählt, ist ja auch eine Art von Fortschritt. Ähnlich jener Karikatur aus dem Gebirge, direkt am Abgrund: »Morgen werden wir einen entscheidenden Schritt weiter sein.« Wir sammeln Unterschriften für den lauten Ruf des Muezzins vom Minarett, aber klagen vor Gericht gegen ein stilles Kreuz an der Schulwand. Wir wollen die Welt Welt sein lassen und merken gar nicht, dass eine Welt ohne Gott wie ein Haus auf Sand ist. »Die Deutschen leiden unter Weltfrömmigkeit. Sie haben kein Maß« (Prof. Bassam Tibi). Wir leiden unter einer transzendenten Obdachlosigkeit und leben wie ein Baum ohne Wurzeln.

Wer keine letzte Orientierung hat, ist haltlos. »Ich fürchte nicht die Stärke des Islam, sondern die Schwäche des Christentums« (Peter Scholl-Latour). Bezeichnend ist der Streit, ob Gott in die Verfassung eines Landes gehört und der Bezug auf ihn auch in die Statuten für das Vereinte Europa. Alles andere widerspricht intellektueller Redlichkeit und ist schlichtweg historische Dummheit. Doch, Gott gehört in die Verfassung. Aber er muss auch die Verfassung der Menschen prägen. Die Gebote Gottes sind der Rahmen für seine Ebenbilder, Maßstäbe zum Maßhalten. Wer sie nicht ernst nimmt, gerät außer Fassung.

Deshalb führt kirchliche Selbstsäkularisierung zum gesellschaftlichen Bankrott. Banalisierung und beliebige Auslegung biblischer Normen sind die schlechtesten Ratgeber für ein Volk. Ohne die Gebote Gottes gerät ein Staat außer Fassung – trotz Gott in der Verfassung. Hitler nannte die Zehn Gebote den »Fluch vom Sinai« und rief zum Kampf gegen die »Perversion unserer gesündesten Instinkte«. Wer die Gebote jedoch außer Kraft setzt, wer seine eigenen Normen an ihre Stelle setzt, der bringt die Welt aus dem Gleichgewicht, in die Katastrophe.

Gottes Gebote sind Lebensangebote. Wer sie nicht will, spricht sein eigenes Todesurteil, und auch das der Gesellschaft. Der Mann, der die Zehn Gebote den »Fluch vom Sinai« nannte, wurde selbst zum Fluch für die Menschheit. Wer nicht mehr vom Verstoß gegen Gottes Gebote spricht, sondern nur noch von der Schuld der Gesellschaftsverhältnisse, der wird zur Veränderung der Gesellschaft aufgerufen, nicht mehr zur Buße. Dabei sollten wir auf die Mahnung Dietrich Bonhoeffers hören: »Jesus kam nicht in diese Welt, um Probleme zu lösen, sondern um zu erlösen.«

Wer nichts von Sünde hören will, der ist zu stolz für die Gnade. Wer nichts mehr zu bereuen hat, lebt in der Lüge. Wir hören heute eine Versöhnungslyrik, sogar auf Kanzeln und Bischofsstühlen, die Vergebung (zum Beispiel für die Stasi-Verbrecher) fordert, ohne Buße und Reue zu verlangen. Diese »billige Gnade« (Dietrich Bonhoeffer) macht Kirche zum Discounter, zum Supermarkt der Selbstversöhnung. Gott ist kein höheres Wesen und der Glaube an ihn keine Privatsache. Vor allem an der Kehrseite erfahren und erleiden wir, was es heißt, Gott zum Götzen zu machen und den Herrn der Welt vom Thron zu stürzen.

Zum 50. Jahrestag der Zerstörung Dresdens und im Blick auf den Wiederaufbau der Frauenkirche sagte der katholische Bischof Joachim Reinelt am 12. Februar 1995: »Den Übeln muss man auf den Grund gehen, damit die neuen Fundamente nicht auf Sand gebaut werden.« Die Wurzeln der Tyrannis von Hitler und Stalin seien nicht philosophische Irrtümer oder ideologische Systeme gewesen, sondern »die Sucht nach dem ersten Platz. Selbst Gott musste weichen. Dieser atheistische Fundamentalismus existiert noch immer und ist eine bleibende Versuchung. Wo immer in der Welt einer nicht mehr weiß, dass er höchstens der Zweite ist, ist bald der Teufel los.«

»Holt Gott zurück in die Politik«, war der dramatische Appell als Titelzeile in der von Axel Springer gegründeten Tageszeitung »Die Welt«. »Die Menschen haben Gott vergessen, und das ist der Grund für die Probleme des 20. Jahrhunderts. Wir werden keine Lösungen finden ohne

42

die Umkehr des Menschen zum Schöpfer aller Dinge«
(Alexander Solschenizyn). Wir müssen umkehren zu
Gott, wenn wir weiterkommen wollen.

Rückkehr zu Gott heißt aber auch: Abkehr von den
Götzen. Dass wir endlich einsehen, dass der Mensch
mehr ist als die Summe seiner Leistungen. Dass Konjunk-
turschwung etwas anderes ist als Lebensschwung. Und
dass das Totenhemd keine Taschen hat. Dass wir Gott
nicht einfach abmelden können, sonst sind wir selbst bald
abgemeldet. Der stolze Machbarkeitswahn mit seinem
ungetrübten Fortschrittsoptimismus hat längst einer gewaltigen Götterdämmerung Platz gemacht. Wir sind mit
unserem Latein am Ende.

Wer wagt es heute noch, den biblischen Dreiklang von
Glaube, Hoffnung, Liebe als »Ladenhüter des Neuen Testamentes« (Günter Grass) zu bezeichnen? Wir brauchen
ein Ziel – und einen Kompass, um dieses Ziel zu erreichen. Sonst kommt die Katastrophe. Der Nobelpreisträ-
ger Werner Heisenberg, Physiker und Philosoph, sieht
den Untergang der »Titanic« als Bild für eine Gesellschaft
ohne Orientierung. »Die Welt von heute gleicht einem
wundervollen Ozeandampfer. Die komplizierten Maschi-
nen funktionieren gut, die Passagiere tanzen zur Bordmu-
sik, in den Küchen wird ausgezeichnet gebraten und
gekocht, alle sind vergnügt und tätig. Das Ganze ist groß-
artig. Nur der Anker fehlt. Und der Kompass funktioniert
nicht. Das wundervolle Schiff treibt hilflos auf dem
Ozean. Es ist nur eine Frage der Zeit, wann es an einem
Eisberg oder an einer Klippe zerschellen wird.«

Wir brauchen einen Fixpunkt, an dem wir uns ausrichten können. Erfolg, Glück, Karriere und Gesundheit können es nicht sein, denn sie sind allesamt vergänglich. Fixpunkt der Christen ist der Crucifixus, der Gekreuzigte. An ihm können wir uns aufrichten. Nach ihm können wir uns ausrichten, denn er hat Worte des Lebens. Bei ihm können wir uns einrichten, denn unsere Heimat ist der Himmel. Was er anrichtet, ist gut für uns. An den, der am Kreuz hängt, können wir uns hängen. Das gilt im Leben und im Sterben.

Mit bewegenden Worten beschreibt Friede Springer die Todesstunde ihres Mannes, des großen Zeitungsverlegers, der am 22. September 1985 im Alter von 73 Jahren in Berlin starb: »Ich las ihm die Losung vor, die auf seinem Kalender stand: ›Ich bin die Auferstehung und das Leben. Wer an mich glaubt, der wird leben, auch wenn er stirbt‹ (Johannes 11,25). Die Tränen liefen mir über das Gesicht. Axel verstand meine Tränen nicht, als ich meinte: ›Das ist für dich geschrieben.‹ Er nickte, zwinkerte mir zu und fragte: ›Warum weinst du?‹ Ich hatte keine Antwort. Wir sahen uns an. Axel strahlte eine heitere Gelassenheit aus, war voller Frieden. Er fror nicht, er hatte keine Schmerzen, nichts quälte ihn mehr. Ich aber fragte ihn voller Sorge: ›Axel, wie geht es dir?‹ Er schaute mich an und sagte, mit etwas verzerrter Stimme: ›Es könnte nicht besser sein!‹ Im gleichen Moment hörte sein Herz zu schlagen auf.« Ja, zuletzt zählt nur das Echte! Und womit ich selig sterben kann, damit kann ich auch glücklich leben!

Eine Welt ohne Gott ist trostlos. Sie macht sich um den Trost ärmer. Denn Trost heißt: Gegenwart Gottes im Leid. Der Mensch ohne Gott ist wertlos. Er bringt sich um den Wert, geschaffen zu sein, gesegnet, geborgen, geleitet. »Wenn ich glaube, habe ich nichts zu verlieren. Wenn ich nicht glaube, habe ich nichts zu hoffen«, so der verstorbene Wirtschaftsjournalist Johannes Gross.

Maß-Menschen

Ein bekannter Medizinprofessor überraschte seine Studenten mit folgender Frage: »Welchen Rat geben Sie einer Familie mit dieser Vergangenheit: Der Vater hatte Syphilis, die Mutter Tuberkulose. Sie haben bereits vier Kinder; davon ist das erste blind, das zweite gestorben, das dritte taubstumm und das vierte wie die Mutter mit Tuberkulose infiziert. Nun erwartet die Mutter ihr fünftes Kind ...«

Fast alle Studenten rieten zu einer Abtreibung. Das Risiko der Schwangerschaft und die Folgen der familiären Krankheiten seien für das ungeborene Kind einfach zu hoch. »Nun, meine Damen und Herren«, eröffnete der Mediziner seinen verblüfften Studenten, »Sie haben soeben Beethoven getötet ...«

Heute wäre der 1770 geborene begnadete Komponist auch aus einem anderen Grund wohl nicht auf die Welt gekommen, und seine »Ode an die Freude« hätte diese Welt nie erreicht. Durch vorgeburtliche Diagnose wäre nämlich festgestellt worden, dass der kleine Ludwig später einmal taub werden würde.

Diese gentechnische Ermittlung käme einem Todesurteil gleich. Der vorgeschobene Lebensschutz ist nichts anderes als blanke Auslese. Und am Beispiel Beethovens der blanke Hohn. »PID« bestimmt vielleicht bald bei uns über Geburtschance und Todesrisiko. Hinter dem Kürzel »PID« könnte man eine neue Partei vermuten oder eine chemische Formel – so harmlos klingt es. Doch PID ist Sprengstoff und sorgt für heftige Debatten. Für die einen stehen die drei Großbuchstaben für ein Gottesgeschenk des medizinischen Fortschritts, für andere sind sie Horror und Teufelswerk.

Auf jeden Fall handelt es sich um die wohl wichtigste Weichenstellung, die unser Parlament in diesen Jahren zu entscheiden hat. Weit wichtiger, weil folgenschwerer, als Fragen der Steuer- und Wirtschaftspolitik. Ein »Ja« wäre unumkehrbar, das lehrt zum Beispiel die Gesetzgebung zur Abtreibung ungeborener Kinder. Auch wenn dort die Bedenken bis hin zu den »Grünen« immer größer werden, die Chance einer Revision ist schon aus ideologischen Gründen gering.

PID steht für Präimplantations-Diagnostik. Diese Methode will Eltern helfen, möglichst gesunde Kinder zur Welt zu bringen. Haben Vater oder Mutter eine Erbkrankheit, so soll eine Befruchtung künstlich vorgenommen werden. Vorher werden die Eizellen untersucht, um nur solche austragen zu lassen, die von der Krankheit nicht betroffen sind. Ist doch sinnvoll, sagen die einen.

So würde man den Eltern und der Umwelt, dem Sozial-
staat und den Krankenkassen doch behinderte Kinder
»ersparen«.

Doch genau diese Qualitätskontrolle des menschlichen
Erbguts ist das Dilemma, erlaubt es doch Ärzten und Eltern, über wertes und unwertes Leben zu entscheiden. Sie
würden sozusagen Gott spielen dürfen, würden von Ge-
schöpfen zu Schöpfern. Und wer gibt uns eigentlich das
Recht, stellvertretend für ein ungeborenes Kind zu entscheiden, ob es später mit einer Behinderung leben will
und kann?

Nicht nur Künstler wie den Komponisten Robert
Schumann (1810–1856) und den Maler Vincent van
Gogh (1853–1890) würde es dann nicht geben, weil sich
ihre spätere Schwermut hätte voraussagen lassen. Der
Physik würde ihr derzeit größter und umstrittenster Denker Stephen Hawking vorenthalten. Er leidet unter einer
unheilbaren Muskellähmung. Dass dieser bedeutende
Kopf einmal auf einem völlig verkrüppelten Körper sitzen
würde und nicht sprechen könnte, wäre vor seiner Geburt
erkennbar gewesen. Das Genie wäre gnadenlos »entsorgt«
worden.

Der Druck, ein Super-Baby zur Welt zu bringen, wird
immer größer. Mit PID wären Geburten nach Wahl und
Menschen nach Maß keine Seltenheit, das perfekte
Wunschkind möglich: schöner, größer, intelligenter. Liegt
der Wert eines Menschen in blauen Augen und blonden
Haaren, in makelloser Muskulatur und vollkommenem
Verstand? Wollen wir aus der Geschichte nichts lernen, von

47

den weltzerstörenden Ideologen mit ihren reinrassigen Recken und Maiden?! Zur Selektion in Herrenrasse und Untermenschen hätte Hitler mit der PID-Methode binnen drei Generationen seine »Idealgesellschaft« gezüchtet. Welch grausamer Gedanke! Deshalb: Wehret den Anfängen!

Man mag noch so kluge medizinische Fachausdrücke erfinden: Der Maß-Mensch ist der Mensch als Zuchtvieh. Das hatten die Nationalsozialisten im Sinn, als sie in ihren »Lebensborn«-Lagern junge Leute sich paaren ließen. Natürlich bin ich weit davon entfernt, irgendeinem der heutigen Befürworter solch perverse Absichten unterstellen zu wollen. Auch christliche Politiker weisen zu Recht auf das Leid von Eltern hin, die trotz schwerer Erbkrankheiten einen Kinderwunsch verwirklichen wollen und PID als Hilfe betrachten. Dieser familiären Not steht meiner Meinung nach jedoch eine andere, gesamt gesellschaftliche Not gegenüber: Dass die Maßstäbe in die Unterscheidung zwischen lebenswert und lebensunwert rutschen, was die Debatte über »Sterbehilfe« überdeutlich beweist. Die Lehre aus der Geschichte zeigt, dass noch so sehr abgesicherte Gesetze in der Hand falscher Menschen zu einer legalisierten Katastrophe führen können.

Dieser Fortschritt ist ein Rückschritt, ein Rückfall in eine Welt ohne Gott und ohne Gebote. Es droht uns eine schiefe Bahn, auf der es bald kein Halten mehr gibt. Natürlich will unser demokratischer Rechtsstaat, gegründet auf das Grundgesetz und streng kontrolliert durch das Bundesverfassungsgericht, enge Grenzen bei seiner Ge-

48

setzgebung ziehen. Doch schon hier kommt das Dilemma: Sind Mukoviszidose oder Downsyndrom schon Gründe, das Urteil »lebensunwert« zu vollstrecken? Und wenn nicht, welche Erbkrankheit fällt in diese Kategorie? Und wann setze ich bei Alzheimer und Demenz die tödliche Spritze – bereits bei der Diagnose oder beim ersten Mal, wenn ich die Telefonnummer oder das Löschen der Kerzen vergessen habe oder nackt über die Straße laufe? So praktisch muss man die Fragen stellen und das Problem angehen, um zu dem Entschluss zu kommen: Wehret den Anfängen jeglicher Einteilung in lebenswert und lebensunwert.

Der Baby-TÜV im Gen-Labor macht's möglich: Nach der Zeugung auf Probe wird aussortiert, was nicht gefällt – heute das Downsyndrom, morgen die falsche Augenfarbe. Wer an das Dritte Reich denkt, bekommt eine Gänsehaut. Eine Gynäkologin berichtet, dass sich Eltern in ihrer Praxis wie Konsumenten verhalten, die sich mit einem Techniker über die Gefahren eines neuen Autos unterhalten. Sie erwarten von der Ärztin ein Gütesiegel auf ein gesundes Kind. Es wird ein Klima entstehen, das Behinderung diskriminiert, weil »so etwas« bei all unserem medizinischen Wissen nun wirklich nicht mehr sein müsste.

Ist es Segen oder Fluch der Wissenschaft, wenn Diagnosen immer leichter werden? Ende Dezember 2010 wartete die Chinese University Hongkong mit einer Sensationsmeldung auf, dass vorgeburtliche Untersuchungen auf das Downsyndrom deutlich einfacher wer-

49

den: Forscher haben einen Bluttest für Schwangere entwickelt, der anzeigt, ob sich negatives Erbmaterial des Ungeborenen im Blut der Mutter aufspüren und analysieren lässt. So lasse sich bereits ab der neunten Woche eine Schwangerschaft beenden.

Schon heute erleben es Eltern behinderter Kinder, wie sie ausgegrenzt werden. Bei der Jobsuche wird bereits über gentechnische Pflichtuntersuchungen bei Einstellungsgesprächen nachgedacht, um dem Betrieb oder der Sozial- und Rentenversicherung später Kosten zu ersparen. Krankenkassen fragen sich, warum sie eigentlich das viele Geld bezahlen müssen, wenn Eltern sich vorgeburtlicher Diagnosen verweigert haben.

Darf der Mensch alles, was er kann? Diese uralte Frage wird quälend aktuell. Und wenn er nicht alles darf, wer sagt es ihm, und nach welchen Maßstäben? Die Wissenschaftsethik ist die größte Herausforderung unserer Tage: Wie gehen wir verantwortlich mit Erfindungen und Entdeckungen, mit Forschung und Technik um? Diese Frage schreit zum Himmel, ja sie schreit im wahrsten Wortsinn nach Gott. Norman Podhoretz, einer der führenden jüdischen Denker Amerikas, warnt: »Ich kann es nicht glauben, dass die heutigen Wissenschaftler mit ihrem Versuch, Gott zu ersetzen, mehr Erfolg haben werden als die alten Wissenschaftler mit ihrem Vorhaben, ihn zu töten.«

Wir brauchen keine Maß-Menschen, wir brauchen Gottes Maßstäbe. Wir brauchen eine Wissenschaft, die bereit ist, sich zu verantworten und die nicht dem Selbstzweck des Forscherdrangs dient. Vernunft und Glaube wieder zusammenzubringen, darin sieht der deutsche Papst die Schlüsselaufgabe und Schicksalsfrage der Gegenwart. Mir kommt dabei immer wieder die bemerkenswerte Aktualität der 2000 Jahre alten Weihnachtsgeschichte in den Sinn. Da machen sich weise Männer, die aktuellen Stern-Konjugationen und die historischen Prophezeiungen wissenschaftlich deutend, auf den Weg nach Bethlehem. Als sie schließlich am Ziel ihrer Forschung waren, fanden sie ein Kind in der Krippe und gingen nicht enttäuscht nach Hause – sie gingen vor dem Kind auf die Knie. Das ist alles andere als süßlich-sentimentaler Heilige-Drei-Königs-Mythos im Duft von Zimtsternen und Spekulatius. Was sie unter dem Stern von Bethlehem fanden, war das Ende aller Spekulationen. Das Kind in der Krippe, das zum Mann am Kreuz wurde, ist mit seiner Botschaft herausfordernd und bindend, sein Wort drängt auf Antwort, auf Verantwortung. An Weihnachten kniet die Wissenschaft vor Gott, das ist die wahre Sprengkraft des Heiligen Abends. Die Autorität des Schöpfers über die (auch wissenschaftlich-technischen) Möglichkeiten der Geschöpfe stellen, das würde unsere Welt vor mancher Katastrophe bewahren.

So sehr hat Gott die Welt geliebt, dass er als fassbaren, als er- und begreifbaren Beweis seinen Sohn schickt. Und er wird damit angreifbar, nicht zuletzt durch die ignorante Dummheit von Hobbyhistorikern, die seine Existenz in das Reich der Märchen und Mythen abschieben wollen. Aus lauter Liebe nennt Gott seine Geschöpfe Ebenbilder. Aus solcher Verantwortung vor Gott und den Menschen erwachsen die über-lebenswichtigen Grundrechte von Menschenwürde, Menschenrechten, der Gleichheit vor dem Gesetz und der Gleichwertigkeit von Mann und Frau. Seine Ebenbilder sind keine Kopien. Sie sind Prototypen, kein Abklatsch. Das ist es, was ein Leben wertvoll macht. Gott führt nie in die Enge. Er stellt meine Füße auf weiten Raum.

Der US-Fernsehsender CBS nannte ihn »einen der größten Sänger unserer Zeit«. Nach heutiger Praxis wäre Thomas Quasthoff, der deutsche Wunderbass, nicht auf diese Welt gekommen. Und mit ihm tausende anderer, wertvoller Menschen mit ähnlicher Behinderung. Man hatte früh erkannt, dass dort, wo andere Menschen Gliedmaßen haben, bei ihm nur kleine Stummel sind. Das Arzneimittel »Contergan«, das seiner Mutter in der Frühschwangerschaft verschrieben worden war, hatte diese Schäden verursacht.

Der Sänger erzählt dem Fernsehreporter: »Als ich 1959 behindert zur Welt kam, prophezeite unser Arzt meiner Mutter: Dieser kleine Kerl wird Ihnen noch viel Freude machen!« Wer Bach, den »Fünften Evangelisten«, liebt, kann da nur nicken. Keiner interpretiert die Basspartien der Passionsmusiken und Oratorien bewegender als dieser kleine Mann mit seiner großen Stimme. Ein Mensch nach Gottes Maß.

Massenmensch und Massenmedien

Kopfschütteln, als ich davon hörte: Ausgerechnet im ehrwürdigen Deutschen Historischen Museum, ausgerechnet mitten im Herzen der Stadt, in der das Unheil seinen Lauf nahm, sollte im Oktober 2010 eine Hitler-Ausstellung eröffnet werden. Als einer der Ersten schaute ich mir für einen Kommentar in der »Bild am Sonntag« die Ausstellung »Hitler und die Deutschen« an, bereits am zweiten Tag zählte sie über 8.000 Besucher.

Darf man so etwas machen? Lockt man unter wissenschaftlichem Vorwand nicht die unverbesserlich-verblendeten Neonazis an und macht ein Museum zur Pilgerstätte von Führer-Fans? Doch die finden hier keine Chance für einen »Mythos Hitler«, ganz im Gegenteil. Der Besucher steht zwar am Eingang vor einem riesigen Porträt des Diktators, doch ehe er sich damit fotografieren lassen kann, verschwimmt es und macht den Hintergrund glasklar: Bilder von Deportation, Erschießungen, KZ. Genau das ist das Konzept der Ausstellung: Das »Heldentum« wird sofort gebrochen in die Wirklichkeit der Barbarei.

Gezeigt wird der deutsche Alltag der 1930er-Jahre, durchdrungen von Führerkult und ideologischem Wahn. Hitler-Zigarren und Führer-Quartett, Hakenkreuz-Lampions und Manschettenknöpfe, Puppenküchen mit Diktatoren-Porträt. Und bei der Frage, wie ein Volk so etwas machen konnte, nachdem man Hitlers ideologische Perversionen in »Mein Kampf« gelesen hatte, wird man immer wieder auf eines gewiesen: Die Gleichschaltung der Presse, die Manipulation durch die Erfindung des Volksempfängers.

Die damaligen Massenmedien produzierten und provozierten den Massenmenschen. Einer der großen Theologen des letzten Jahrhunderts, der Erlanger Systematiker Walter Künneth, schreibt als Frucht seiner leidvollen Erfahrungen mit der Manipulationsstrategie des Hitler-Regimes: »Masse ist nicht gleichzusetzen mit der Menge oder der großen Zahl, sondern besagt eine soziologisch-psychologisch eigenständig neue Wirklichkeit. Masse ist eine neue Existenzform der Menschen, welche Körper und Geist mitbestimmt, bedeutet Gleichschaltung der Seele, des geistigen Lebens, Gleichheit des Willens und der Gefühlsrichtung, Gleichheit des Lebensziels, Uniformität der Lebenshaltung.« Die Individualität des Menschen wird ausgeschaltet, eine Gesellschaft wird zur Masse gleichgeschaltet.

Manipulation ist »außengesteuerte Beeinflussung und Lenkung des Menschen« (Herder-Lexikon). Gebrauchte man das Wort früher noch in völlig neutralem Zusammenhang (Handgriff, Kunstgriff), so ist heute der negative Klang unüberhörbar. Manipulation – das ist längst der »Kunstgriff« der Politpropaganda, der Wirtschaftswerbung und der Informationsindustrie. Manipulation ist der gezielte Einfluss auf Entscheidungen von Menschen, den diese als gezielten Einfluss (und damit als Beeinträchtigung ihrer freien Entscheidung!) gar nicht wahrnehmen. Die Kunst also, »jemanden zu einem

54

Zweck zu gebrauchen, den er nicht kennt« (Arnold Gehlen). Manipulation ist, so der Große Brockhaus, eine »Steuerung fremden Verhaltens, derer sich die betroffenen Personen kaum oder gar nicht bewusst werden und die besonders im Interesse des Ausführenden liegt.«

Passiv müsste man sagen: Mit dem Menschen wird etwas gemacht. Aktiv hieße das: Menschen machen etwas mit Menschen. Bestimmte Menschen sollen mit bestimmten Mitteln zu bestimmten Verhaltens- und Denkweisen gebracht werden. Und ganz bestimmte Menschen wollen unter raffiniertester Ausnutzung technischer, psychologischer und soziologischer Mittel ganz bestimmte Ziele erreichen. Da es das Bestreben der Manipulatoren ist, möglichst unerkannt zu bleiben, bedarf es eines wachen und kritischen Geistes, diese Machenschaften zu entlarven.

Wer denkt dabei aktuell nicht an Nordkorea, an Kuba oder an islamistische Staaten? Ihre ganze Perversion und Perfektion entfaltete die Gleichschaltung, als via Volksempfänger eine ganze Nation manipuliert wurde. Nur mit dem Einsatz der modernen Nachrichtentechnik, das dokumentiert die Berliner Hitler-Ausstellung eindrücklich, war es dem Nazi-Regime möglich, in den 1930er-Jahren in rasantem Tempo ein ganzes Volk in seinen Bann zu ziehen. »Der Aufstieg Hitlers und die nationalsozialistische Umwälzung der deutschen Gesellschaft wurden nicht zuletzt einer dämonisierenden Wirkung der Massenmedien zugeschrieben« (Wolfgang Bergsdorf).

Der Soziologe Helmut Schelsky nennt das deutsche

Volk des Dritten Reiches eine »mediengesteuerte Meinungseinheit«. Indem Hitler das neukonstruierte Massenmedium »Volksempfänger« nutzte, vollzog sich der »Sprung in die Medienherrschaft«. Für Schelsky ist die Gründung des Dritten Reiches 1933 zwiespältig: »Hier ist zum ersten Mal der ›Marsch durch die Institutionen‹, nämlich die der Weimarer Republik, bewusst und offiziell erfolgreich durchgeführt und danach durch das Machtmittel ›Publizität‹ ein neues Regime stabilisiert worden.«

Mit Hilfe einer gleichgeschalteten Presse und der neuen elektronischen Mittel ist es dem Nazipropagandisten Goebbels gelungen, »aus einer nationalen Gesinnungsgemeinschaft eine ideologische Meinungsgemeinschaft zu machen« (Schelsky). Der geradezu perfekt perfide Propagandaapparat von Goebbels ist das atemberaubende Exemplar einer vollkommenen Strategie zur Massenbeeinflussung. Das, was bis heute Informationspolitik von Diktaturen geblieben ist, hatte seinen großen Lehrmeister im Berliner Reichspropagandaministerium.

Gegenüber einer derart fabrizierten »öffentlichen« (besser: veröffentlichten) Meinung ist der Einzelne nahezu machtlos. »Es ist schwer, ja unmöglich, ideologische Regime von innen zu überwinden, solange und sofern sie im Alleinbesitz der Kommunikationsmittel sind« (K. D. Bracher). Hierin liegt der Segen einer Erfindung, die natürlich in vielem auch zum Fluch werden kann: das Internet. Von Nordkorea über China bis in den Irak gelingt es den Machthabern nicht mehr, ihre Bevölkerung total abzuschotten. Und die friedliche Revolution, die am 9.

November 1989 mit dem Mauerfall ihren Triumph feierte, wäre ohne die elektronischen Westmedien so nicht möglich geworden. Man kann mit Gewalt verhindern, Papier in Form von Büchern und Presse ins Land zu lassen – doch die Elektronik macht vor Mauer und Stacheldraht nicht halt. Auch in der Zeit des Naziterrors waren die Bürger aufgeklärt, die heimlich und mutig Zugang zu »Feindsendern« suchten.

Es geht der Propaganda längst nicht mehr darum, lediglich bestimmte Bevölkerungsgruppen (wie etwa im Wahlkampf) anzusprechen oder bestimmte Verhaltensweisen (wie in der Werbung) zu beeinflussen. Die fesselnde (lat.: fascinare) und steuernde Manipulationsmacht diktatorischer Ideologien hat die Totalbeeinflussung zum Ziel. Alle Verhaltens- und Denkweisen sollen gleichgeschaltet werden. Und diese konforme und uniforme Gesellschaft soll alle Menschen er- und umfassen. Wenn man erst mal eine solche Massengesellschaft mit Meinungsdiktatur geschaffen hat, ist diese dann bleibendes dankbares Objekt der Manipulation. Deshalb ist es keine Lappalie, wenn Spitzenpolitiker der »Linken« auf einem gemeinsamen Podium mit einer Ex-RAF-Terroristin über »Neue Wege zum Kommunismus« schwadronieren, wie Mitte Januar 2011 in Berlin geschehen.

Das kollektivistische Menschenbild des Kommunismus, das Idealbild einer sozialistischen Gesellschaftsordnung entlarvt sich schon deshalb als kalter Betrug, weil die Persönlichkeit des Einzelnen zugunsten der Masse ausgeschaltet und diese gleichgeschaltet wird. Was uns als

57

»Gleichheit, Freiheit, Brüderlichkeit« einer von Egoismus und Individualismus befreiten Gesellschaft verheißen wird, deformiert in Wahrheit zu einer steuerbaren Masse. Doch wo das Individuum im Kollektiv aufgeht, geht die Persönlichkeit des Menschen unter. Und damit auch das selbstständige Denken und Handeln, Kritik und Widerstand. Für das Dritte Reich lässt sich eindeutig belegen: »Das Opium für das Volk waren die Massenmedien« (M. Muggeridge).

Deshalb sind Presse- und Meinungsfreiheit ein hohes Gut unserer westlichen Wertegemeinschaft. Jedem Angriff auf diese Grundpfeiler unserer Demokratie ist entschieden Widerstand zu leisten. Übrigens: Auch wo der Satz »Das wird man doch mal sagen dürfen« zu einer Ausnahmeregel wird, läuft etwas schief. Political Correctness ist kein Ausweis, sondern Armut von Demokratie. Wo nicht mehr über alles offen (und im Rahmen unserer Rechtsordnung und auf dem Boden des Grundgesetzes) geredet werden darf, wo Tabus errichtet und Schweigespiralen gefördert werden, kommt es zu »Explosionen«, die genau das zerstören, was die PC-Gutmenschen zu schützen vorgeben: die Demokratie, das Gegenteil von Massenmensch.

Dass unsere Mütter und Väter als bittere Bilanz der Nazibarbarei unserem Grundgesetz die Präambel »In Verantwortung vor Gott und den Menschen« gegeben haben, hat einen guten Grund: Nie wieder eine Ideologie, die Gott vom Thron stürzt, um die (oder meist: einen) Menschen darauf zu setzen! Bei den Nürnberger Prozessen ist

58

eine der eindrucksvollsten Passagen das Schlusswort von Hans Frank, zunächst Hitlers Rechtsanwalt, schließlich ab 1939 Generalgouverneur in Polen. Bevor er 1946 als Mitorganisator von Ghettos und Deportationen zum Henker geführt wurde, sagte er: »Ich bitte unser Volk, dass es nicht verharrt in dieser Entwicklung und weiterschreitet in dieser Richtung. Denn Hitlers Weg war der vermessene Weg ohne Gott, der Weg der Abwendung von Christus und in allem letzten Endes der Weg der politischen Torheit, der Weg des Verderbens und des Todes.« Die aktuelle Berliner Hitler-Ausstellung ist ein dramatischer und erschütternder Beleg, wohin ein solcher Weg führt. Und wirft erneut die Frage auf, warum so viele ihn mitgegangen sind.

Ein Auslaufmodell läuft und läuft

Ausgerechnet das liberale Meinungsmagazin »Der Spiegel« bringt es auf diese knappe Formel: »Vaterlos, gottlos und arbeitslos. Warum Jugendliche immer brutaler werden.« In einem Leserbrief schreibt ein Student: »Es gibt immer weniger intakte Familien und ehrliche Freundschaften. Unsere Jugend fühlt sich im Stich gelassen.«

Selten wurde etwas in den letzten Jahrzehnten so erfolgreich kaputt und schlecht geredet wie die Familie. Für den Zeitgeist stand längst fest: Die Familie ist ein Auslaufmodell. Und die Statistiken scheinen dem recht zu geben. Unter uns gibt es immer mehr Alleinlebende. In der Hauptstadt Berlin werden zum Beispiel über 60 Prozent Singlehaushalte gezählt, bundesweit sind es durchschnittlich rund 40 Prozent. Womit sich übrigens eine dramatische Zukunftsfrage stellt, die bis heute sträflich mit einem Tabu belegt wird: Wie wird eine Singlegesellschaft alt? Was geschieht mit den Lebensabschnitts-Partnerschaften in Zeiten von Krankheit und Pflege? Historische Vergleiche und Vorbilder gibt es nicht. Bisher wurden die Senioren von den Familien betreut, versorgt, getragen. Wer übernimmt das in unserer postmodernen Welt? Und wer bezahlt die Pflege(-heime), wenn man es nicht mehr alleine schafft?

Die Zahl derer, die unverheiratet zusammenleben, wächst ständig. Auch die »Patchworkfamilien« haben Konjunktur: Meine Kinder, deine Kinder, unsere Kinder. Schon das deutsche Namensrecht betrügt die Kinder um das Gefühl von Geborgenheit und Heimat, um die Gewissheit, sichtbar irgendwie und irgendwo dazuzugehören. Die Erziehungswissenschaftlerin Christine Brink bricht in der »Frankfurter Allgemeinen Sonntagszeitung« (26.12.2010) mit ihrer scharfen Kritik ein Tabu: »Von ihren erwachsenen Schöpfern mit kräftiger Unterstützung fortschrittlicher Frauenmagazine zum Zukunftsmodell hochgejubelt, entpuppt sich die Patchworkfamilie doch für die unmündigen Mitglieder als schwierig. Was in der intakten Familie Sache der Eltern ist, wird dort den Kindern aufgebürdet. Ständiges Verhandeln, Lavieren, Austarieren kann das Leben sehr anstrengend machen. Zuweilen wird es auch gefährlich. So haben Übergriffe auf nichtverwandte Kinder, nach Aussage vieler Therapeuten, durch die Patchworkfamilie nicht unbeträchtlich zugenommen.« Die klassische Familie scheint demnach kein erstrebenswerter Lebensentwurf mehr zu sein. Oder?

Eine gewisse Sehnsucht danach spürt man selbst im Weihnachtsartikel 2010 der links-alternativen »Tageszeitung« (taz), wo eine Redakteurin ihr ganz persönliches Fest beschreibt: »Heiligabend werden meine Tochter und ich mit einer Freundin, deren beiden Töchtern, dem neuen Freund der Freundin und dessen Kindern verbringen. Mein Freund wird bei seinen drei kleinen Kindern und deren Mutter sein. Am nächsten Tag wandert meine Tochter zu ihrem Vater und mein Freund zu mir. Der Vater meiner Tochter hat eine neue Frau und mit ihr ein weiteres Kind, mein Freund ist von seiner Frau getrennt. Seine drei Kinder verbringen nach Heiligabend einen Tag allein mit ihrer Mutter, dann einen Tag bei ihrem Vater. Danach werden mein Freund, seine Kinder und ich zusammensein, später kommt noch meine Tochter dazu. Klingt kompliziert? Ist kompliziert! Unsere Weihnachtsferien bestehen aus Taschenpacken, Autofahren, Telefonieren, Stress. Wir sind das, was man eine ganz normale Patchworkfamilie nennt: Zusammengewürfelt aus Beziehungen, die nicht mehr bestehen, und Menschen, die sich regelmäßig treffen (müssen), weil sie gemeinsame Kinder haben.« Eine Story, die laut gelesen wie »Loriot« klingt, wäre das nicht alles (für die Kinder) bitterer Ernst …

Genau die Generation, die den ideologischen Generalangriff auf die Familie als Kinder erleiden muss, packt nun die große Sehnsucht nach Familie. Wie alle Kinder in normaler pubertärer Entwicklung haben sich auch die der 1968er-Eltern entschlossen: Wir wollen alles, nur nicht so werden wie unsere Eltern! Die Kommunen-Ideologie »Wer zweimal mit derselben pennt, gehört schon zum Establishment« beantwortet die moderne Kindergeneration mit dem Wunsch nach Treue und stabilen Bindungen.

Immer mehr junge Leute antworten auf die Frage nach ihrer künftigen Lebensgestaltung: Ehe und Familie. Selbst der Wunsch nach der traditionellen Großfamilie, in der drei Generationen unter einem Dach wohnen, nimmt wieder zu. Politisch ist das so attraktiv, dass man, wie Bundesministerin Ursula von der Leyen demonstriert, Wähler durch die Idee eines Mehrgenerationenhauses erreicht und gewinnt.

Die Kinder von heute wünschen sich Familie statt Freiheit, Wohlgefühl statt Wohlstand, Sicherheit statt Abenteuer, so das Ergebnis der Shell-Jugendstudie 2010. Es scheint wirklich so, dass jede Generation sich nach dem sehnt, was sie bei den eigenen Eltern nicht erlebt hat. Trendforscher sprechen bereits von der »Generation V«: V für Verantwortung, Vertrauen und Verlässlichkeit. Eine Ohrfeige für unsere Unkultur des Egoismus, die das auch noch mit dem Begriff Selbstverwirklichung tarnt. Angesichts der Wirtschaftskrise spricht FOCUS-Chefredakteur Wolfram Weimer von einer Umwertung der Werte, von einer neuen Prioritätensetzung, ermöglicht durch die Familie »als Reservoir von Werten und Moral. Glaube statt Gold, Heimat statt Hypotheken, Familie statt Finanzen.«

Es war das linke Zeitgeistmagazin »tempo«, das unter der Überschrift »Zurück zur Familie« schrieb: »Man hat uns gesagt, die Familie sei schlecht. Man hat uns gesagt, die Familie zerstöre die Persönlichkeit. Man hat uns belogen. Die Familie ist immer noch die beste aller möglichen Lebensformen. Sie allein vermittelt Liebe, Glück und Geborgenheit … Die alternativen Lebensformen sind gescheitert. Deshalb: Macht Kinder! Gründet Familien! Es spricht nichts dagegen und viel dafür.«

Allen Zeitgeist-Einflüsterungen zum Trotz: Familie ist und bleibt populär. Auch zu Beginn des dritten Jahrtausends münden laut Statistischem Bundesamt 81 Prozent aller Partnerschaften in dieses längst totgesagte Lebensmodell, und Kinder leben mit Mutter und Vater zusammen. 80 Prozent aller Ehen werden auch heute noch bis zum Tod durchgehalten. Der »FOCUS« titelt in seiner Weihnachtsausgabe 2010: »Die Renaissance der Familie« und schreibt von einem »wundersamen Comeback nicht nur zu Weihnachten«. Familie sei wieder heilig und alles andere als ein Auslaufmodell. Das wird schon am Christfest demonstriert, wo sich laut Forsa-Umfrage 92 Prozent auf die Familie freuen. 21 Prozent feiern sogar im Kreis ihrer Großfamilie mit mindestens drei Generationen. Ob Königsfamilie, Politiker oder die Meiers von nebenan: Familien versammeln sich unter dem festlich geschmückten Weihnachtsbaum wie weiland unsere Vorfahren ums Lagerfeuer.

Doch Familie hat nicht nur an Festtagen Konjunktur. Forscher beobachten bereits seit einiger Zeit die Entstehung eines neuen familiären Wir-Gefühls, erklärt Professor Horst Opaschowski, Leiter der Hamburger Stiftung für Zukunftsfragen im FOCUS-Interview: »Familie wird wieder zum sozialen Lebensmittelpunkt.« In unserer materiell und moralisch unsicher gewordenen Welt haben wir verstärkt das Bedürfnis nach verbindenden und verbindlichen Strukturen. Im Jahr 2002 hatte Familie nur für 49 Prozent der Befragten einen hohen Stellenwert, was 2010 auf sagenhafte 72 Prozent hochgeschnellt ist. Familie ist also Realität und Wunschtraum zugleich. In wirtschaftlich, politisch und sicherheitsmäßig instabilen Zeiten »ist Familie das Einzige, das verlässlich bleibt« (Opaschowski).

Die Kurzformel »Jede dritte Ehe wird geschieden« ist pure Manipulation. Wer sie triumphierend verbreitet und damit den Werteverfall unserer Gesellschaft dokumentieren will, der muss sich im Klaren sein: Er redet damit Ehe und Familie schlecht und macht sie letztlich zum abschreckenden Beispiel. Die Statistik setzt nämlich Eheschließungen und Scheidungen eines Jahres ins Verhältnis – und nicht generell. Es gibt aber immer weniger Hochzeiten, denn zwischen 1966 und 1974 hatte sich die Kinderzahl halbiert. Kein Grund, sich beruhigt hinter Statistiken und Trends zu verstecken. Aber als Totschlagargument für die Familie sind solche Daten untauglich.

Dennoch bleibt die steigende Zahl der Scheidungswaisen ein großes Problem. Wobei es übrigens nicht nur Scheidungswaisen gibt, es gibt mitten in unseren Familien, in denen alles in Ordnung scheint, genug Orientierungs- und Liebeswaisen. Zeit und Liebe gehören zu den wichtigsten Erziehungs- und Bildungsidealen. Wer seine Kinder darum betrügt, beraubt sie der Chance einer behüteten Entwicklung. Und was die Scheidung jeder dritten Ehe angeht: Immerhin bleiben zwei Drittel aller Ehepaare zusammen, obwohl das nach der heute üblichen Vorstellung weder moralisch noch ökonomisch nötig ist. Die Paare wollen das eben, und das spricht für das Traditionsmodell Familie. Auch die Tatsache, dass laut Allensbach-Institut die Jüngeren in ihrer überwiegenden Mehrheit eine Familie mit Vater, Mutter und Kindern anstreben.

Bis in den Sprachgebrauch hinein haben wir zugelassen, dass über Familie nur negativ geurteilt wird. Da wird der Vater zum Erzeuger und die Mutter zur bloßen Bezugsperson, die ohne Verlust durch irgendwelche x-beliebigen Personen ausgetauscht werden kann.

Wer Mut zur Familie machen will, der muss erst mal gut über sie reden. Doch viel mehr: Wir dürfen nicht nur reden, wir müssen leben, vor-leben, wovon wir überzeugt sind. »Wir müssen das, was wir denken, auch sagen. Wir müssen das, was wir sagen, auch tun. Wir müssen das, was wir tun, dann auch sein« (Alfred Herrhausen). Der neue Trend ist keine Auferstehung ländlicher Traditionen. Gerade in der Stadt sind Familie und Kinder im Kommen, nicht nur bei Migranten. So ist der Berliner Szenebezirk Prenzlauer Berg einer der geburtenreichsten Orte

Deutschlands. Kinderwagen gehören zum Stadtbild wie anderswo Gehwagen und Rollatoren.

Familie bietet ein Zuhause. Sie schafft Raum für Vertrauen und Geborgenheit, gibt Sicherheit und Schutz, vermittelt Liebe und Leben. Familie ist der wichtigste Ort, um Werte zu vermitteln. Hier wird das Fundament für die Zukunft gelegt: Verantwortungsbereitschaft, Toleranz, Gerechtigkeitssinn, Fähigkeit zum Helfen und Teilen. Hier werden Lebenserfahrungen und Traditionen weitergegeben. Laut UNICEF-Wertemonitor geben 97 Prozent der befragten Kinder an, dass es die Eltern sind, die ihnen Werte vermitteln. Die moderne Hirnforschung hat erst jetzt herausgefunden, was der Volksmund schon von alters her in die Weisheit kleidet: »Was Hänschen nicht lernt, lernt Hans nimmermehr.«

Soziale Kompetenz und das mitmenschliche Verhalten wird ausschließlich in Kindertagen ausgebildet – oder eben nicht. »Was mit sechs Jahren nicht grundlegend vorhanden ist, lässt sich kaum mehr korrigieren«, meint der Wissenschaftspublizist Richard David Precht. Kinder müssen früh lernen, was es bedeutet, mit anderen zu teilen, sich einzuordnen, Niederlagen einzustecken oder auf etwas zu verzichten. Das praktische Übungsfeld dafür ist der Familienverband. Langzeitstudien mit jungen Erwachsenen bestätigen, wie stark die Prägekraft unserer Herkunftsfamilie ist. Das Wertegerüst aus dem Elternhaus ist kaum zu erschüttern, erstreckt sich sogar auf politische Überzeugungen. Wer als Kind gelernt hat, dass es sich gehört, anderen zu helfen, wird das auch als Erwachsener tun.

Familie ist das beste gesellschaftliche Lernfeld, das keine Theorie ersetzen kann. Deshalb darf Familie nicht nur Gegenstand der Finanzpolitik sein, und der Generationenvertrag sich nicht nur auf das Vererben materieller Werte beschränken. Kinder, die sich von ihren Eltern geliebt wissen, trennen sich leichter von ihnen. Sie sind nämlich bindungsfähig geworden. Liebe ohne Freiheit erdrückt, Freiheit ohne Liebe zerstört.

Die Familie gehört zur Schöpfungsordnung Gottes. Als Gottes Ebenbild ist der Mensch zur Gemeinschaft mit seinem Schöpfer berufen – und ist zugleich Mit-Mensch. Wie die Beziehung zu Gott letztlich nicht einsam und privat ist, so auch die Beziehung der Menschen untereinander. Allein geht man ein. Familie ist verantwortlicher Auftrag innerhalb des gesamten Schöpfungsauftrages, zu dem allerdings auch Ehe- und Kinderlosigkeit zählen. In Amerika habe ich folgendes Sprichwort gehört: »The family that prays together, stays together.« Eine Familie, die miteinander betet, steht auch zueinander.

Das klingt wie eine Summe aus Einsicht und Erfahrung. Denn eine Familie braucht einen Mittelpunkt, ein Fundament. Sie braucht einen Orientierungsrahmen und eine Kraftquelle. Wenn es stimmt, dass »Liebende von der Vergebung leben« (Manfred Hausmann), so muss Gott der Dritte im Bunde der Ehe sein und in der Familie einen festen Platz haben. Wie heute eine fehlende Gottesbeziehung grundsätzlich als Defizit empfunden wird, zeigt die Tatsache, dass im genannten Berliner Bezirk Prenzlauer Berg die Zahl der Kircheneintritte sprunghaft steigt und Familiengottesdienste der Hit sind.

Der Kulturredakteur Matthias Heine schreibt unter der Überschrift »Gott hat einfach die bessere Musik« in der »Welt am Sonntag« (20.12.2009): »Aus der evangelischen Kirche bin ich ausgetreten, als ich für meine Mitgliedschaft bezahlen sollte. Bereits vorher hatte ich mich vom Glauben abgenabelt. Im Laufe der Zeit habe ich dann gemerkt, dass ich mit dem Glauben doch nicht so abgeschlossen hatte, wie es mir schien. Julian Barnes schreibt: ›Es kommt nicht so sehr darauf an, ob wir an Gott glauben, sondern ob er an uns glaubt.‹ Zu mir sprach er manchmal u. a. durch die Stimme von Johnny Cash. Gott hat einfach die bessere Musik. Nachdenklich machte mich auch das Schicksal der DDR, die ja als Staatsganzes aus der Kirche ausgetreten war. So wollte ich nicht enden! Dann stellte ich bei Rudolf Augsteins Buch ›Jesus Menschensohn‹ fest, wie sehr mich die Hartnäckigkeit nervte, mit der er die geschichtliche Existenz Christi infrage stellte – als wolle er mir etwas wegnehmen, was auch in all den Jahren ohne Kirchensteuer Bestandteil meines Lebens war. Den letzten Anstoß gab die Taufe der Tochter einer Freundin. Also stand ich Ende April vor der Eintrittsstelle im Berliner Dom. Der Pfarrer trug mir in die Urkunde Johannes 8 Vers 36 ein: »Wenn euch der Sohn frei macht, so seid ihr recht frei.« Jetzt versuche ich, meine Tochter in einem frohen, daseinsbejahenden Glauben aufzuziehen.«

Das amerikanische Sprichwort »… prays together, stays

together« wird häufig noch ergänzt und abgeändert: »... prays together, plays together«. Also Zeit zum Spielen, Zeit füreinander und miteinander. Gerade Kinder empfinden Zeitentzug als Liebesverlust. Wer keine Zeit für mich hat, der liebt mich auch nicht. Das, wofür ich Zeit habe, das ist mir das Liebste. So sind allzu häufig die Kinder oder der Ehepartner von Terminkalendern, Ehrenämtern, Beruf und Hobby, ja auch dem Auto überholt worden. In einer Gesellschaft, die wachsende Brutalität und Intoleranz beklagt, die Egoismus mit Selbstverwirklichung verwechselt und in der Nächstenliebe von Individualismus abgelöst wurde, ist es vielleicht gut, die Aufgaben von Familien zu definieren: »Gegenseitige Rücksichtnahme, Anstand, Interesse füreinander, Duldsamkeit, Selbstbeherrschung, kurz – die Aufgabe, sich gemeinschaftlich und wechselseitig zu vervollkommnen.« Dieser Satz ist von gestern und gilt für heute. Er stammt aus dem »Hannöverschen Magazin« von 1786. Familie ist also unschlagbar attraktiv und supermodern und alles andere als ein Auslaufmodell!

Familienbeziehungen geben Sicherheit. Es gibt, so der Beziehungsforscher Tim Hagemann, kein stärkeres Band als das zwischen Blutsverwandten: »Die Eltern-Kind-Beziehung ist das stärkste Konzept, das wir kennen. Mit Eltern und Geschwistern kann man sich streiten, aber wenn es hart auf hart kommt, funktioniert das System« (FOCUS, 51/2010). Jeder hängt von jedem ab, selbst als Erwachsener bleibt das Elternhaus (vor allem in schwierigen Zeiten) Zufluchtsort. Und in einer Zeit knappen Geldes in der staatlichen Sozialkasse bekommt der Begriff

»familiäre Fürsorge« einen neuen Klang. »Das Wort beinhaltet auch immer die Vorstellung einer persönlichen, emotionalen Beziehung, die das Vertrauen und die Verlässlichkeit dieser Beziehung stützt«, so Hans Bertram, Familienforscher an der Berliner Humboldt-Universität. »Es gibt diese neue Art des Sichkümmerns, bei der Eltern, Kinder und Großeltern ein System gegenseitiger Fürsorge bilden.«

Der Zukunftsforscher Horst Opaschowski sieht die Familie als willkommenen »Wohlfahrtsverband«, der gerade von den Jungen neu entdeckt wird: »Angesichts steigender Kosten für Gesundheit und Rente bleibt die Familie barmherzig und billig. Die Mehrheit der Jungen merkt, dass die Sorge um die Familie auf Dauer mehr persönliche Lebenserfüllung gewährt, als wenn man nur an sich denkt.«

Für die kommenden 20 Jahre wird es lebenswichtig werden, in eine neue Solidarität der Generationen eingebunden zu sein. Doch was heißt hier neu? Alles steht bereits in der uralten Bedienungsanleitung Gottes, dem Gebot Nummer Vier: »Ehre Vater und Mutter.« Bei sinkenden Einnahmen der Sozialkassen in Zeiten, in denen immer weniger junge Leute für immer mehr Alte die Kosten schultern müssen, wird dieses Bibel-Gebot gerade für die Generation zur Überlebensfrage, die »Glaube, Liebe, Hoffnung als Ladenhüter des Neuen Testamentes« (Günter Grass) verspottete. Was für eine Ironie der Geschichte. Ja, es stimmt: »Gott lachet ihrer!« Steht übrigens auch schon seit 3600 Jahren in der Bibel, Psalm 2, Vers 4!

Wichtig ist, dass in einer Familie Rituale entstehen, was zum Beispiel die Gestaltung des gemeinsamen Essens, des Urlaubs, des Sonntags oder von Festen angeht. Diese Rituale, so Tim Hagemann, verstärken die Bindungen und schaffen Geborgenheit und Sicherheit. Zu solchen stabilisierenden Ritualen gehört übrigens auch das Tisch- oder Nachtgebet. Doch solche Schutzräume und Glaubenskerne werden heute wohlfeil geopfert auf dem Altar der Moderne: »Jede Gesellschaft, jede Familie, jeder Mensch hat einen Bezirk, einen Glaubenskern, der geachtet und geschützt werden muss. Gesellschaften, die ihn verloren haben, sind debil. Nun gibt es viele Anzeichen dafür, dass sich unsere Plappergesellschaft, die fortwährend ihr Innerstes nach außen stülpt und alles trivialisiert, was sie berührt, durchaus debile Züge hat« (Spiegel-Kulturchef Matthias Mattusek).

Die Wiederholung eingespielter Rollen und Bräuche, die oft über Generationen hinweg weitergegeben werden, sorgt für unser Wohlbefinden. Wer auf solche Ressourcen zurückgreifen kann, ist glücklicher und ausgeglichener. Für jeden fühlt sich Familie zwar anders an, aber für alle ist sie irgendwie Heimat.

Der Erfinder der legendären Literatur- und Filmfigur »Pater Brown«, Gilbert Keith Chesterton, nennt Rituale ein Mittel zur Steigerung der Lebensqualität: »Wenn man zum Ziel hat, das Leben intensiver, intelligenter und fantasievoller zu gestalten, dann wird dies viel besser vollbracht, indem man bestimmte Jahreszahlen, Jahreszeiten und symbolische Handlungen beibehält, als dadurch, dass man alles und jedes sich selbst überlässt.« Laut Emnid-Umfrage 2010 gilt »eine intakte Familie und Partnerschaft« als Hauptquelle persönlicher Lebensqualität.

Lebensmitte und Lebensmittel

Wurzeln, Werte, Wahrheiten

Gerade Leute, die mit Wirtschaft zu tun haben, sollten mit beiden Beinen auf der Erde stehen. Da zählen Daten und Fakten, Soll und Haben, rote und schwarze Zahlen. Oberflächlichkeit und Tagträumerei führen ebenso zum Konkurs wie falsche Entscheidungen und mangelnde Risikobereitschaft. Viele Unternehmer nennen sich heute Unternehmer, obwohl sie lieber Unterlasser heißen müssten, weil sie nichts unternehmen. Echtes Unternehmertum, der ehrbare Kaufmann und der ehrliche Kunde, leben von Grundwerten wie Vertrauen und Verlässlichkeit.

Interessant also, dass ausgerechnet die Zeitschrift »Wirtschaftswoche« (und kein Kirchen- oder Soziologenblatt) unsere Zeit messerscharf weil fakten-basiert so analysiert: »Die Deutschen waren noch nie reicher als heute. Sie waren aber noch nie wurzelloser.«

Wir wissen nicht mehr, wo wir eigentlich hingehören. Wo wir unsere Wurzeln, unser Fundament, unsere Grundwerte haben. Deshalb sind wir heimatlos, eine »vaterlose Gesellschaft«. Wir wissen nicht mehr, von welcher Energie wir eigentlich zehren sollen. Deshalb sind wir kraftlos und machtlos. Wir wissen nicht mehr, aus welchen Wurzeln wir leben. Deshalb sind wir so haltlos und so maßlos.

73

Ein Blick in die Gegenwart macht überdeutlich: Wir haben kein Maß mehr. Wir haben nichts mehr, woran wir Maß nehmen sollen. Deshalb ist alles erlaubt. Wer das Maß verliert, wird maßlos. Wir haben den Standpunkt verloren, deshalb geraten wir so leicht ins Schwimmen. Viele tarnen die eigene Standpunktlosigkeit mit dem schillernden Begriff der Toleranz. Sie merken dabei gar nicht, dass eine solche Form der »Toleranz« oft eine verdeckte Einladung zur Intoleranz ist – zum genauen Gegenteil also.

Wer seine Meinung zum Modeartikel macht und wie das Hemd wechselt, der wird für andere undefinierbar, ist nicht mehr zu identifizieren und zu kalkulieren. Die logische Folge ist Intoleranz, denn wo nichts ist, braucht auch nichts respektiert zu werden. Gefährlich sind die Leute, denen nichts mehr heilig ist. Toleranz steht auf schwachen Füßen, wenn ihr keine feste Überzeugung zugrunde liegt. Nur wer eine eigene Überzeugung hat, kann auch andere tolerieren. Was mich persönlich bindet, kann Streitthema sein, aber keine Verhandlungsmasse.

Martin Luther beschreibt das Leben der Christen in der Welt als spannende Gratwanderung, die alles andere als ein geruhsamer Spaziergang ist. Seine These hat brennende Aktualität in den (multi-)kulturellen Spannungsfragen der Gegenwart: Der Glaube ist nicht tolerant, aber die Liebe ist es. Und Liebe, so betont Papst Benedikt XVI., gibt es nicht ohne Wahrheit. Toleranz ist ihres Namens nicht wert, wenn kein von Wahrheit und Liebe geprägter fester Standpunkt zugrunde liegt.

Um diese Liebe auszustrahlen, um also den Herausforderungen der Zeit gewachsen zu sein, muss ich erst hineinwachsen in den Grund des Glaubens. Paulus, einer der großen Intellektuellen der Antike, bringt es auf den Punkt, wenn er schon den Christen des ersten Jahrhunderts schreibt: »Seid in Jesus Christus verwurzelt und gegründet und fest im Glauben« (Kolosser 2,7).

Je tiefer die Wurzel, desto standfester unser Leben. Wir sollen wie eine Eiche verwurzelt sein, nicht wie ein Radieschen. An der amerikanischen Pazifikküste, zum Beispiel nördlich von San Francisco, ist das eindrucksvoll zu sehen. Da ragen die gigantischen Mammutbäume, bis zu 4000 Jahre alt, in den Himmel. Rund hundert Meter hoch und zehn Meter dick. Sie haben den Jahrtausenden getrotzt. Nichts als der Mensch konnte sie umhauen. Ihre gewaltigen Wurzeln sind hineingebohrt in die Erde, hineingetrieben in die Wasseradern, hineinverwoben in Boden und Gestein. So widersteht man Wind und Wetter.

Je tiefer wir verwurzelt sind, desto geringer ist auch die Gefahr, umgetopft zu werden. Nur Pflanzen mit wenig Wurzelwerk lassen sich umtopfen und verpflanzen. Unsere von der »Wirtschaftswoche« attestierte Wurzellosigkeit sagt auch etwas über die Verführbarkeit und Manipulationsanfälligkeit der heutigen Generation. Der Wissenschaftstheoretiker Rupert Lay beschreibt (auch im Blick auf die Werbung!) Menschen, die besonders anfällig für Außensteuerung sind, als desorientiert, ich-schwach, nicht-zentriert und nicht-integriert.

Wer also keine festen Wurzeln hat und keine Persönlichkeit mit Charakter ist, dem fehlen die Abwehrkräfte gegen äußere Beeinflussung und Manipulation. Der US-Kommunikationswissenschaftler Neil Postman spricht von »kulturellem Aids«, wenn schwache, ungefestigte Personen nicht mehr fähig sind, Außeneinflüsse zu verarbeiten, zu kontrollieren und abzuwehren. Wer keinen festen Halt hat, ist wie ein Blatt im Wind.

Zu viele lassen sich heute von jedem Modestrom mitreißen, sind überall dabei und gehören nirgendwo dazu. Wer so lebt, zeigt, dass er keinen Standpunkt, keine Wurzeln hat. Mit solchen Leuten ist kein Blumentopf zu gewinnen.

Durch seine Art zu leben beantwortet man unausgesprochen die Frage: Wer motiviert und regiert dich eigentlich, Zeitgeist oder Heiliger Geist? Wer gibt den Ton an, nach welcher Pfeife tanzen wir? Welchem Wort geben wir Antwort und wem verantworten wir uns? In der Stimmungsdemokratie unserer Tage tritt das Dilemma offen zutage: Lässt sich Politik von Umfragen, von Modetrends und Stimmungsströmungen leiten oder von soliden Prinzipien mit visionärer Kraft?

Die Halbwertzeit politischer Programme und Prognosen wird immer kürzer. Die Bürger fragen sich doch zu Recht: Gilt abends noch, was morgens verkündet und versprochen wurde? Kein Wunder, dass »Wutbürger« das Wort des Jahres 2010 wurde. Menschen sehnen sich nach Vertrauen und Verlässlichkeit. Wird das enttäuscht und hintergangen, so steigt die Wut. Was dann allerdings – als

76

Bürgerbewegung und Volksabstimmung – als Demokratie in Reinform verkauft wird, ist in Wahrheit deren Bankrott. Wenn es gewählten Politikern nicht mehr gelingt, im Sinne des Volkes zu handeln, dann haben sie ihren Beruf verfehlt. Wenn sich Politik auf die Straße verlagert und organisierte Mehrheiten nach dem St.-Florians-Prinzip entstehen, na dann gute Nacht! Wut und Angst waren schon immer schlechte Ratgeber.

Bezeichnend für unsere »vaterlose Gesellschaft« übrigens, dass Männer wie Helmut Kohl oder Helmut Schmidt, Joachim Gauck oder der Papst gerade bei jungen Leuten Gehör finden und Faszination wecken. Das sind Persönlichkeiten, die für etwas stehen und dies auch beharrlich vertreten und verkörpern. Man muss ja nicht deren Meinung teilen, aber sie haben wenigstens eine! Weil auf ihr Wort Verlass ist und sie eine satte Lebenserfahrung haben, finden sie aufmerksame Zuhörer. Beim Tode von Loki Schmidt im Oktober 2010 brachten »verstaubte« Talkshow-Wiederholungen mit dem alten Ehepaar Rekordquoten. Ohne Showeffekte waren Millionen bereit, diesen beiden, die seit 80 Jahren, seit ihrer Schulzeit zusammen waren, auch bei unbequemen Wahrheiten zu Ehe, Bildung oder Integration gebannt zuzuhören. Worte, die gelten, gelten etwas!

Für christliche Organisationen gilt: Sie müssen von den vielen Wörtern zu dem einen Wort zurückkehren. Von den Verästelungen in alle Bereiche der Beliebigkeit zurück zur Verwurzelung im Erdreich des Eigentlichen. In seiner denkwürdigen Rede zur Verleihung des »Friedenspreises des Deutschen Buchhandels« sagte der polnische Philosoph Leszek Kołakowski: »Die Kirche ist taub geworden, sie rennt mit der Zeit um die Wette. Sie will neuzeitlich, fortschrittlich, leistungsfähig, trainiert, verwegen, motorisiert, wissenschaftlich und energisch sein. Die Christen fürchten weder Unglaube noch Häresie; sie fürchten nur noch das eine, dass sie jemand am Ende als rückständig, als mittelalterlich auslachen könnte.«

Tiefe Wurzeln verhindern, von jedem Sturm des Alltags gleich umgelegt zu werden. Sie geben Kraft aus der Tiefe, wenn es an der Oberfläche längst wüst und trocken ist. Wir brauchen Menschen, die in der Dürre unserer Zeit an das Grundwasser des Glaubens angeschlossen sind. Der sinkende Grundwasserspiegel unserer Grundwerte ist die Tragik unserer postmodernen Gesellschaft. Wir haben vergessen, dass wir Gott vergessen haben. Doch plötzlich outen sich Atheisten wie der britische Schriftsteller Julian Barnes mit der verblüffenden Selbsteinschätzung: »Ich glaube zwar nicht an Gott. Aber ich vermisse ihn.« Ein überzeugter Christ berichtete mir von seinem wohl überzeugendsten Auftritt in einer Talkshow, und das sagt mehr als tausend Worte. In der Sendung sei er von einem Staranwalt wegen seines Glaubens verlacht, verhöhnt und verspottet worden. Der Mann hätte sich gar nicht wieder eingekriegt. Doch nachdem die Kameras aus und die Weinflaschen geöffnet waren, sei er angeheitert zu ihm gekommen und habe redselig und offen bekannt: »Sie haben Hoffnung, ich habe keine.« Ja, die Lateiner haben wohl recht: in vino veritas – im Wein liegt

Wahrheit. Man kann den Starken spielen, solange die Scheinwerfer an sind. Im Alltag holt einen schnell die Wahrheit wieder ein. Und nichts ist schwerer als die Wahrheit über sich selbst. Wir erleben ein spirituelles Hungergefühl mitten in einer satten Informationsgesellschaft. Wir wollen abgeklärte Standpunkte und absichernde Geborgenheit, denn wer nach allen Seiten offen ist, kann bekanntlich nicht ganz dicht sein.

Wer seine Wurzeln in der Ewigkeit hat, der kann Wagnisse in der Zeit eingehen. Je tiefer unsere Wurzeln im Glauben, desto größer der Halt im Leben. Wie beim Baum: Auf die Wurzeln kommt es an, nicht auf die Krone. Gott hat seine Methode, damit Erfolg und Hochgefühl uns nicht in den Kopf steigen und damit unsere »Bäume« nicht in den Himmel wachsen, solange wir noch auf der Erde sind: Er legt uns Lasten auf.

Das gehört zu meinen eindrücklichsten Reiseerlebnissen: Es war beim Besuch einer Palmenplantage mitten in der Negev-Wüste Israels. Ich sah, wie die Landwirte Kieselsteine auf die jungen, zierlichen Pflänzchen legten – und zwar direkt auf die erst zart entwickelte Krone. Warum? Damit die Palmen ihre Kraft zunächst in die Wurzel stecken und in der Erde festwachsen.

»Was nützt es, wenn sie in die Höhe schießen und irgendwann vertrocknen«, belehrte mich einer der Arbeiter. Hier liegt wohl einer der Schlüssel, um das Leid im Leben zu verstehen. Manchmal ist es ja nur ein kleiner Dämpfer, den Gott uns gibt, damit wir nicht »abheben«. Manchmal tut es auch richtig weh. Aber immer ist seine Absicht

Liebe, uns auf den Weg der Wahrheit zurückzuholen. »Gott legt uns eine Last auf, aber er hilft uns auch« (Psalm 68,20). Er hilft auch zu neuen Bewertungen und Erkenntnissen. Wilhelm Busch berichtet von einem verunglückten Bergmann, der nach einer Amputation im Krankenhaus zum Glauben kam. Aus dem Spötter wurde ein strahlender Christ, der unbekümmert bezeugte: »Lieber auf einem Bein in den Himmel als auf zweien in die Hölle!«

Wenn uns Leid drückt, soll es uns nie erdrücken. Selbst dann nicht, wenn Gott das Verwunden wichtiger ist als das Wunder. Wenn er unsere Gebete anders erhört, als von uns erhofft. Gott hat nur ein Ziel mit uns: Dass wir eines Tages bei ihm in einer Welt ohne Leid und ohne Tränen ankommen. Gott ist immer positiv. Man muss nur bereit sein, seine Wege mitzugehen. Zu ihm und zu den Menschen – aber immer mit ihm. Erst, wenn man anfängt, sie zu gehen, erkennt man Gottes Wege als richtig.

Beim Glauben geht es um mehr als um einen bloßen Standpunkt. Glaube ist ein Weg. Glaube ist nicht statisch (auch nicht Mitglieder-statistisch!), sondern dynamisch. Er ist nicht Stillstand, sondern Sendung: Geht! Sagt es weiter! Lebt es aus! Solche Hoffnungsträger brauchen wir. Keine Bedenkenträger. Hoffnungsträger sind Christusträger. Denn Christus ist die Hoffnung der Welt. Deshalb sind Christen eine echte GmbH: Eine Gemeinschaft mit begründeter Hoffnung.

80

Nur das Echte zählt

»Ach, und dann sind Sie ja auch noch religiös«, meinte die Kollegin einer großen TV-Zeitschrift in ihrem Interview. Als sei der Glaube die Girlande meines Lebens.

Aber genau so stellen sich viele den Glauben vor. Er ist auf jeden Fall das Unverbindlichste auf der Welt und dient höchstens zur Verzierung des Lebens, zur sonntäglichen Garnierung der Alltagswoche.

Für viele ist der Glaube bloße Ansichtssache. Man nimmt irgendeinen Standpunkt ein und meint großzügig, jeder könne ja ohnehin nach seiner Fasson selig werden. Manche machen ihn zur Geschmackssache, bei der jeder nach seinem Gusto verfahren kann. Oder er wird zur Bagatellsache, wo angeblich Wichtigeres Vorrang bekommt. Zumindest hat er Privatsache zu sein, wie linke und liberale Politiker nicht müde werden zu betonen, wenn sie Gott, Glaube und Religion aus der Öffentlichkeit verbannen wollen.

Glaube ist Herzenssache. Glaube ist nichts für die Randzonen des Lebens, sondern das schlagende Herz, die bestimmende Mitte. Glaube ist Motor und Impuls meiner ganzen Existenz, tragendes Fundament und lebendige Kraftquelle. Dieser Energiezufuhr und Verantwortungsinstanz beraubt sich eine Gesellschaft, die lieber Gott los sein will. Darin liegt die wahre Tragik und der verhängnisvolle Grundirrtum all jener, die für die Privatisierung von Religion eintreten.

»Sei ganz sein, oder lass es ganz sein«, so rigoros und

81

kompromisslos beschreibt Paul Humburg, der rheinische Präses der Bekennenden Kirche während des Dritten Reiches, den Glauben an Jesus Christus. Gott braucht keine Trittbrettfahrer. Gott will ganze Christen, weil er selbst keine halben Sachen macht. Ein halber Christ ist ein ganzer Unsinn. Wer mit Jesus zu neuen Ufern aufbricht, muss alte Bindungen abbrechen. Neues fassen kann nur, wer Altes loslassen will.

Glaube gibt es nicht zum Billigpreis im Sonderangebot der Weltanschauungen. Verwaschenes Gefälligkeitschristentum lässt den Glauben zur Belanglosigkeit verkommen. Konsequenter Glaube ist teuer und nicht umsonst. Der Spott am Arbeitsplatz, die Ausgrenzung in der eigenen Familie ist allerdings harmlos gegenüber dem, was immer mehr Christen weltweit zu erleiden haben. Glaube wird in tragisch-dramatischer Weise bis heute mit dem Blut verteidigt, mit dem Leben bezahlt. Die Zeit der Märtyrer ist mit Männern wie Dietrich Bonhoeffer leider längst nicht vorbei. Die aktuelle Christenverfolgung in islamischen Ländern bestimmt die Nachrichten und rückt auf die Titelseiten.

Auf der »Weltkarte der Unterdrückung«, die die Berliner Morgenpost am 6. Januar 2011 ganzseitig veröffentlichte, steht Nordkorea ganz oben. Der stalinistische Personenkult um den kommunistischen Diktator Kim Jong-il schließt jede religiöse Betätigung aus. Christen werden seit Jahrzehnten systematisch verfolgt, bei jeder ihrer Versammlungen drohen Verhaftung, Deportation oder gar Tod, so die Daten der evangelikalen Menschenrechts- und Missionsorganisation »Open Doors«. Auf Platz zwei setzten die Experten wie schon im vergangenen Jahr den Iran, wo islamistische Gewalttaten an Christen an der Tagesordnung sind. Und aus den palästinensischen Geburts- und Wirkungsorten von Jesus Christus ziehen immer mehr Christen aus Angst vor Unterdrückung weg.

Die Welle der Gewalt gegen christliche Minderheiten in der muslimischen Welt erreichte am Neujahrsmorgen 2011 einen traurigen Höhepunkt: 21 koptische Christen starben bei einem Selbstmordattentat in Alexandria, mehr als 80 wurden schwer verletzt. Bereits Ende Oktober 2010 waren bei einem Terrorangriff auf eine Kathedrale in Bagdad mehr als 50 Christen getötet worden, an Weihnachten 38 Gläubige bei Anschlägen im westafrikanischen Nigeria. Vor laufenden TV-Kameras bezeugten die vom Attentat sichtlich erschütterten Christen von Alexandria dennoch unerschüttert ihren Glauben: »Wir bleiben in Ägypten, wir weichen nicht, wir stehen ein für Jesus Christus und seine Botschaft.« Was für ein hoher Preis für ein echtes Glaubenszeugnis!

Bei uns dagegen begnügen sich nicht wenige mit der frommen Fassade. Sie ziehen sich in die Kuschelecke der Unverbindlichkeit zurück. Tun wird zum Getue, Reden zum Gerede. Ganz anders ein Mann wie der Vorsitzende der CDU/CSU-Bundestagsfraktion, Volker Kauder. Seit Jahren prangert er unermüdlich in seinen Parlamentsreden die weltweite Christenverfolgung an. Am Dreikönigstag 2011 flog er aus Solidarität mit den koptischen Mitchristen nach Ägypten.

Wie stark wir uns in der Verantwortung sehen müssten, zeigt die Analyse des bekannten britischen Publizisten Lord George Weidenfeld: »Die islamistischen Terroristen sehen im Christentum das geistige Rüstzeug des verhassten Westens. Deshalb attackieren sie Christen vor der eigenen Haustür. Das hat für die Terroristen auch praktische Gründe: Es erfordert großen logistischen Aufwand, Ziele in Europa und den USA zu treffen« (BamS 9.1.2011). Das heißt doch im Klartext: Eigentlich meint man uns mit den Terror-Morden, also müssen wir auch bereit sein, die verfolgten Christen entschlossen zu verteidigen.

Auch der Bevollmächtigte der EKD bei der Bundesregierung, Prälat Bernhard Felmberg, positionierte sich klar und forderte ein »Sendungsbewusstsein« der besonderen Art: »Muslime in Deutschland erleben hier eine Religionsfreiheit, die es in vielen ihrer Herkunftsländer gegenüber Christen nicht gibt. Ich hoffe, dass sie die positiven Erfahrungen, die sie hier mit der Religionsfreiheit machen, in ihre Herkunftsländer weitergeben und mit Sendungsbewusstsein zur positiven Veränderung der Verhältnisse dort beitragen.«

Doch allzu viele Kultur- und Karteichristen verwechseln den Glauben bei uns mit einem frommen Anbau, den sie als Vorbau vor ihr Leben setzen. Vielleicht ein paar alte Gewohnheiten abbauen, seinen Lebensstil ein wenig umbauen. Aber letztlich soll alles beim Alten bleiben, denn man will's ja schließlich nicht übertreiben ...

Man macht den Glauben zur Privatsache, um nicht

noch als fanatisch zu gelten. Die einen halten sich vornehm zurück, wenn das Gespräch auf das Thema Religion kommt. Andere gehen offensiv und öffentlich gegen Kreuze in Klassenzimmern, Gott in der Verfassung oder Pfarrer bei der Bundeswehr vor. Sie merken dabei gar nicht, dass sie in vermeintlicher Liberalität das Geschäft derer betreiben, die in Deutschland (Gott sei Dank vergeblich!) mit ihren braunen und roten Diktaturen alles Christliche aus der Öffentlichkeit zu verbannen versuchen. Die Ideologie der Privatisierung von Religion war Hauptursache der angerichteten Katastrophen. In dieser bitteren historischen Erkenntnis fordert Frankreichs Staatspräsident zum Beispiel inzwischen einen »positiven Laizismus« für sein Land, das bisher doch so stolz auf die Total-Privatisierung der Religion war.

Viele meinen es gut, wenn sie den Glauben in die Ecke des Unverbindlichen und Privaten stellen, merken dabei jedoch gar nicht, dass sie sich und die Gesellschaft um die beste und tragfähigste Basis bringen. Denn nur das Echte zählt. Blattgold glänzt nicht ewig, die Fassade blättert. Kirche als Kultur vertrocknet mit dem sinkenden Grundwasserspiegel lebendigen Glaubens. Das Geschenk des Glaubens ist Totalerneuerung, keine Renovierung. Christus ist keine Reparaturwerkstatt, er will Neues schaffen: »Ist jemand in Christus, so ist er eine neue Kreatur; das Alte ist vergangen, siehe, Neues ist geworden« (2. Korinther 5,17).

Wer sich auf Jesus einlässt, sich auf sein Wort verlässt und von alten Bindungen ablässt, erlebt seine Stunde Null: Wiedergeburt, neues Leben, Neuanfang. Er wird ein Mensch ohne Vergangenheit, aber mit Zukunft. So wird der Nullpunkt zum Höhepunkt, zum Wendepunkt in ein Leben mit Hoffnung und Zuversicht.

Glaube verändert total und radikal. Er bestimmt das Leben von innen her und schmückt nicht nur die Fassade. Er macht Christen identisch. Nur, wer identisch und authentisch lebt, ist eine Persönlichkeit. Nach solchen Leuten sucht man heute. Überzeugend wirkt, wer zu seinen Überzeugungen steht, selbst wenn ich sie nicht teile. Gerade im öffentlichen Leben, in Politik, Wirtschaft und Wissenschaft sind Menschen gefragt, die nicht immer gleich alles infrage stellen und jedem (Umfrage-)Trend hinterherlaufen.

Einer von diesen eindeutigen Christen war der leider viel zu schnell vergessene belgische König Baudouin (gest. 1993). Durch seinen 24-Stunden-Rücktritt nahm er eine Staatskrise in Kauf, nur um das Abtreibungsgesetz nicht unterschreiben zu müssen. Selbst seine schärfsten Kritiker zollten ihm Respekt, weil solche Eindeutigkeit überzeugt.

Das weltweit übertragene Begräbnis dieses großen Staatsmannes wurde zum Triumph christlicher Hoffnung. »Dieser König war ein Hirte«, meinte der belgische Bischof. Baudouin hatte selbst erlebt und bezeugt, wie Jesus Christus Menschen neu machen kann. Als Staatsoberhaupt bekannte er offen seinen Glauben: »Ich erfahre, dass jedes Mal, wenn Menschen sich bemühen, das Evangelium so zu leben, wie Jesus es uns lehrt, sich alles zu verändern beginnt: Alle Aggressivität, alle Angst und Traurigkeit machen dann dem Frieden und der Freude Platz. Aus eigener Kraft ist kein Mensch dazu imstande.« Wer die politische Entwicklung des kleinen, in verfeindete Volksgruppen gespaltenen Landes nach dem Tod des frommen Baudouin betrachtet, kann nur nachdenklich werden ...

Wir müssen wieder fromm werden. Das hat nichts mit sentimentalen Gefühlen oder süßlicher Nostalgie zu tun. Fromm sein heißt: Ich lasse Jesus Christus in meinem Leben die Nummer eins sein. Er und sein Wort sind mir wichtiger als alle Forderungen dieser Welt. Die Ewigkeit ist mir wesentlicher als alles Gehabe unserer Zeit. Glaube hat Vorrang. Denn nur was wertvoll ist, hat das Recht auf den ersten Platz. Und wertvoll ist nur das Echte.

So habe ich auch die Chance, echt glücklich, geborgen, getragen und gehalten zu werden. Bundespräsident Johannes Rau zitierte als sein persönliches Motto den Leitspruch der Bekennenden Kirche während der Nazidiktatur: »Teneo, quia teneor – ich halte stand, weil ich gehalten werde.« Solch stabile Position schafft Persönlichkeit und schenkt tiefen inneren Frieden, ja sogar »Freude in allem Leide.« Denn fromm sein heißt im Sinne Dietrich Bonhoeffers, seine Abhängigkeit von Gott als Glück zu erfahren.

Augustinus (354–430) betet:

»Von dir, Gott, sich abwenden, heißt fallen.
Zu dir sich hinwenden, heißt aufstehen.
In dir bleiben, heißt sicheren Bestand haben.
Dich verlassen, Gott, heißt sterben.
Zu dir heimkehren, heißt zum Leben erwachen.
In dir bleiben, heißt leben.«

Führungskräfte

Da kommt ein junger Mann nach seinen ersten Wochen bei der Bundeswehr zurück in die heimische Gemeinde. »Na, Günther, wie ist es dir denn in der Kaserne so ergangen?«, will der Pfarrer wissen. »Haben dich deine Kameraden ausgelacht, weil du Christ bist?« – »Nein, nein«, strahlt Günther erleichtert, »es hat keiner was gemerkt!«

Viel zu viele Christen gehen heute auf Tauchstation. Sie verstecken sich – und verdunkeln damit die hellste Botschaft, die es auf unserem Planeten gibt: Die gute Nachricht von der Liebe Gottes. Damit betrügen sie die Welt um das wichtigste Menschenrecht: Das Evangelium zu hören, die Wahrheit zu erfahren, die gute Nachricht in einer Welt so vieler schlechter.

Dabei haben Christen gar keinen Grund, sich zu verstecken. Wir sind VIPs, besonders wichtige, ja (über-)lebenswichtige Leute. Durch uns will Gott in diese Welt kommen – und durch uns kann diese Welt zu Gott kommen. Wir sind Führungskräfte, die wissen, wo auf Erden der Himmel zu finden ist. Wir wissen, dass Christus »alle Macht gegeben ist, im Himmel und auf Erden« (Matthäus 28,18). Zu dieser königlichen Inthronisation gehört zwangsläufig die Proklamation: »Darum gehet hin und machet zu Jüngern alle Völker« (Matthäus 28,19). Wir sind das Diplomatische Corps dieses einzigartigen Herrn, »Botschafter an Christi Statt« (2. Korinther 5,20). Solche Leute können sich doch nicht verstecken! Der frühere

Bundespräsident Karl Carstens ermutigte mich in einem Interview: »Christen müssen identifizierbar sein.«

Verstecken gilt nicht! Im Gegenteil. Mit diesem Herrn können wir uns sehen lassen. Er hat alles zu bieten, wonach man sich heute sehnt. Die Leere jenseits der vollen Schaufenster weiß er zu füllen. Er hat die Antwort auf die Grundfragen des Menschen: Woher? Wohin? Wozu lebe ich? Wie werde ich meine Schuld los und wie werde ich eines Tages mit dem Sterben fertig? Fragen, vor denen die Ideologen kapitulieren.

Christen geben Antwort auf die wichtigsten Fragen des Lebens, deshalb reden sie von Christus – und nicht von sich. Je eindeutiger sie das tun, desto mehr hört man zu. Wer Gott zum Freund hat, der hat etwas zu sagen. Glauben ist keine Privatsache, sondern öffentliche Botschaft. Glauben kann man nicht einfach speichern. Für das Evangelium gibt es keinen Konservierungsstoff. Je mehr ich davon weitergebe, desto mehr habe ich selbst davon. Beim Weitersagen wächst der Glaube. Er wird stark im Gegenwind. Es gehört für mich zu den großen Geheimnissen des Lebens, dass Christen in Leid und Verfolgung, ja selbst im Martyrium nicht von ihrem Glauben ablassen, sondern es erfahren, dass er umso fester wird. »Das ist das Ende. Für mich der Beginn des Lebens«, waren Dietrich Bonhoeffers letzte Worte, bevor er dem Henker übergeben wurde.

Ich kann anderen Jesus groß machen – auch aus der Talsohle meines Lebens heraus. Gott fragt nicht, wieviel Glauben ich gerade beisammen habe. Keiner kann beständig auf Hochtouren glauben, braucht aber auch nicht gleich auf die Bremse zu treten, wenn's ein niedrigerer Gang auch tut. Bei Zweifeln halte man es mit dem Philosophen Sören Kierkegaard (1813–1855): »Aus dem Zweifel hilft nur der Sprung zu Gott.«

Glaube geht in die Beine. Hin zu den Mitmenschen. Christsein ist nicht Stillstand, sondern Sendung, kein Standpunkt, sondern Tatort. Verstecken gilt nicht! Allein geht man ein. Der große Gott will uns kleine Menschen als seine Mitarbeiter. Nicht, weil wir so wertvoll sind, ruft uns Gott. Nein, wir sind so wertvoll, weil Gott uns ruft. Wir sind Bettler, das ist wahr. Aber Christen sind Bettler, die anderen Bettlern sagen können, wo das Brot zu finden ist. »Christenglaube ist Existenzmitteilung« (Sören Kierkegaard). »Die wichtigste Aufgabe der Christen in der heutigen Welt besteht darin, dass sie ihren Glauben bekennen, sodass jedermann sie als Christen erkennt« (Karl Carstens).

Für Leute von heute

Fast hilflos fragte einst der Satiriker Karl Krauss: »Wo nehme ich bloß all die Zeit her, so viel nicht zu lesen?« Bei den alljährlichen Bucholympiaden in Frankfurt am Main und Leipzig wird die Zahl der Neuerscheinungen immer größer. Jährlich präsentieren über 10 000 Aussteller aus über 100 Ländern mehr als 100 000 neue Bücher. Der Boom von Belletristik und Esoterik scheint dabei ungebrochen. Wer allerdings die Masse der Bücher auf das Wesentliche reduzieren will, der kommt an dem

90

Buch der Bücher nicht vorbei. Es ist schon eine Sensation, dass die uralte Bibel mit der Flut nicht weggeschwemmt worden ist; dass sie nicht vergessen und untergegangen ist. Ganz im Gegenteil.

Es gab Bücher, die Epoche machten. Doch viele waren noch nicht einmal eine Episode. Die meisten findet man nur noch als Schmuckstücke in den Bibliotheken. Sie sind längst keine Alltagsbücher mehr, die das Leben der Menschen bestimmen, beeinflussen und bewegen.

Kein Buch ist so nah am Menschen wie die Bibel. Ihre Töne sind leise in einer Welt schriller Sensationen. Und doch ist ihre Botschaft unüberhörbar. Sie ist jeden Tag eine Neuerscheinung. In ihr stehen lauter alte Geschichten – natürlich. Aber es sind Geschichten, die täglich neu passieren. Die Bibel ist das Buch für Leute von heute. Kein Buch spricht so zentral zu den Grund- und Grenzfragen des Menschen: Geburt und Tod, Freude und Trauer, Leben und Sterben. Die Bibel führt zu dem, was über den Tag hinaus Bestand hat. Sie hilft zum Leben. Sie ist Lebensmittel pur, wenn sie mir zur Lebensmitte wird.

»Bücher sind nur dickere Briefe an Freunde«, meint der Dichter Jean Paul. Die Bibel ist Gottes Liebesbrief an uns, seine Freunde. Hier schreibt er mit eigener Handschrift, was er für uns getan hat und noch tun will. Hier teilt er uns seinen Willen mit, damit wir leben können. Hier gibt es gültige Orientierung, Energie und Motivation. Gott schreibt uns ganz exklusiv. Der Absender garantiert Wahrheit. Die Bibel macht Gott groß, ohne den Menschen kleinzumachen.

Die Bibel ist die Bedienungsanleitung des Konstrukteurs, sozusagen die Gebrauchsanweisung des Schöpfers für seine Geschöpfe. Sie ist Grundbuch: lebensbestimmende Platzanweisung, göttliche Verheißung, himmlisches Erbe. Die Bibel ist Kursbuch: Orientierung und Wegweisung. Sie ist Trostbuch, kein Heldenepos. Sie ist Gebetbuch. Ohne die eiserne Ration der alten Psalmen hätten viele leidgeprüfte Menschen ihre aktuellen Krisen nicht überstanden.

Für das Wissen brauchen wir viele Bücher, für das Leben reicht dieses eine. In der Bibel steckt Heilkraft. Sie ist wie ein Therapeutikum gegen Sinnverlust und Lebenskrise. Sie bietet nicht Fastfood, sondern Lebensbrot; keine Leckerbissen, sondern Schwarzbrot. Wer die Bibel liest, hat mehr vom Leben.

Dietrich Bonhoeffer schreibt aus dem Gefängnis an seinen Schwager: »Du fragst, wo sind die letzten Autoritäten des Lebens, das sich allein lohnt zu leben? Ich will da zunächst ganz einfach bekennen: Ich glaube, dass die Bibel allein die Antwort auf alle unsere Fragen ist … Seit ich gelernt habe, die Bibel so zu lesen, wird sie mir täglich wunderbarer.«

Die Bibel ist der direkte Weg zum Herzen Gottes. Deshalb ist sie Frohbotschaft, nicht Drohbotschaft. In ihr steckt Wahrheit, die zählt. Botschaft, auf die Verlass ist. Gute Nachricht für Leute von heute.

Schnee von gestern

Eine internationale Modezeitschrift nannte sie in ihrem »Trendführer« das Powerbuch: »Die Bibel – spannender als jeder Krimi. Eine Nachhilfestunde in Sachen Niederungen und Höhenflüge der menschlichen Psyche. Und Talkthema des Jahres. Wer mitreden will, wird bibelfest. Unser Favorit: das Alte Testament – Sünde für Sünde aktuell.«

Kaum ein Meinungsmagazin, das in letzter Zeit nicht das Buch der Bücher thematisiert hätte. Ein fast vergessenes Buch feiert sein Comeback. Die Bibel hat wieder Konjunktur. Wer darin zu lesen beginnt, dem geht ein Licht auf. Während die Nachrichten von heute bereits morgen von gestern sind, bleibt die Bibel zeitlos aktuell. Ihre Botschaft ist unschlagbar. In diesem Buch steckt Dynamit. Eine Kraft, die das Leben verändern will. Hier geht es nicht um rührselige Sentimentalität, sondern um knallharte Realität. Nicht Geschichten, sondern Geschichte.

Wäre die Bibel ein Buch wie jedes andere, sie wäre längst vergessen. Die Bibel bietet Informationen über Tagesaktualität hinaus. Nirgends wird so ungeschminkt über die Menschen geredet – und darüber, was im Leben wirklich zählt. Sie erfüllt die Sehnsucht nach Werten und Wahrheit. Wenn auf der Frankfurter Buchmesse 1996 fast flehentlich gefordert wurde: »Neu und originell wäre ein Buch, das alte Wahrheiten lieben lehrte« – die Bibel wäre die Antwort.

So wird die Bibel vom Lesebuch zum Lebensbuch. »Sie

ist ein Brief, welchen mein Gott mir hat schreiben lassen, wonach ich mich richten soll und wonach Gott mich richten wird« (Johann Albrecht Bengel). Nur der richtet in unserer Zeit etwas aus, der sich nach der Bibel ausrichtet. In einer Welt meist schlechter Nachrichten ist sie die absolut gute.

In unserer zerfahrenen Zeit brauchen wir Menschen, die sich sammeln und nicht zerstreuen. Die Werte nicht belächeln, sondern befördern. Die sich trauen, und nicht verstecken. Die nicht nur Tagesform haben, sondern auch Lebensziele. Die keine Schlagzeilen hinterlassen, sondern Spuren. Keine Bedenkenträger, sondern Hoffnungsträger. Menschen mit Standpunkt, die nicht umfallen, um anschließend richtig (im Modetrend) zu liegen. Menschen mit Durchblick durch Einblick in die Bibel. Denn nur ein festes Fundament macht stabil, nicht das Surfen auf den Wellen des Zeitgeistes.

Wer da die Bibel nicht liest, der ist schlecht informiert. Er weiß nicht, was die Stunde geschlagen hat. Bibelleser wissen mehr. Sie haben die Hand am Puls von Zeit und Ewigkeit. Sie stehen auf dem Boden der Tatsachen. Hinter jeder Bibel steckt ein kluger Kopf. Um die Welt zu verstehen, muss man Zeitung und Bibel parallel lesen und nebeneinander halten, zitierte Bundespräsident Johannes Rau den Theologen Karl Barth.

Die liberale Wochenzeitung »Die Zeit« brachte eine Titelgeschichte »Ohne Bibel versteht man nichts« und resümiert: »Ohne Bibel versteht man in Europas Kultur weder Musik noch Malerei, weder Bach nach Barlach,

Chagall und Chopin, Mozart oder Thomas Mann.« Wer dessen Roman »Buddenbrooks« liest, googelt sich zu Tode, wenn er keinen blassen Schimmer von Bibelkenntnis hat.

Dass biblische Informationen der Horizonterweiterung dienen und nicht in die Irre, sondern in die Wahrheit führen, belegt das Zeugnis eines der führenden atheistischen Denker der Gegenwart, des britischen Philosophen Antony Flew (1923–2010). Der langjährige Weggefährte von Bertrand Russel, dessen Buch »Warum ich kein Christ bin« zum Lehrbuch der Atheisten wurde, der den Religionskritikern stets beste Argumente lieferte, meinte zu seinem 82. Geburtstag: »Es gibt einen Schöpfergott. Aufgrund wissenschaftlicher Erkenntnisse, dass die weitgehende Entschlüsselung des Erbgutes eine so unglaubliche Komplexität zeigt, dass eine Intelligenz dahinterstehen muss, glaube ich jetzt an die Existenz eines Schöpfergottes. Der Darwinismus mit seiner Evolutionstheorie reicht zur Erklärung nicht aus.« Zur Überraschung der Fachwelt fügte er hinzu: »Wenn ich die Wahl hätte, würde ich das Christentum anderen Religionen vorziehen. Die Auferstehung von Jesus Christus hat die höchste Eindeutigkeit unter allen Wundern.« Es stimmt: Glaube fängt nicht an, wo der Verstand aufhört, sondern wo der Widerstand aufhört.

Klug ist, wer Gott in seine Lebensrechnung einkalkuliert. Wer die Bibel liest, sieht fern: Sein Horizont bekommt Ewigkeitsdimension. Bibelleser sind Führungskräfte. Sie wissen, wo es langgeht. Täglich haben wir mit

Neuigkeiten zu tun. Ständig Worte, lauter Worte. Viele sind schnell vergessen, manche morgen schon bedeutungslos. Die Halbwertzeit politischer Programme und Parolen sprechen eine deutliche Sprache. Wir brauchen Worte über den Tag hinaus. Wert-Worte. Solche Worte kann kein Mensch erfinden. Die kann nur Gott geben. Worte des Lebens, auf die Verlass ist.

Die Bibel ist stabil, gibt Profil und macht mobil.

Und wer spöttisch meint, das alles sei Schnee von gestern, der sollte nicht vergessen: Der Schnee von gestern ist das Wasser von morgen ...

Wo nichts beim Alten bleibt

Mutmacher statt Miesmacher

Der gut gelaunte Taxifahrer löste bei mir eine eigenartige Reaktion aus. Von welchem Gott mag er wohl reden, welcher Religion wird er wohl angehören? Christ ist der bestimmt nicht, schießt es mir sofort durch den Kopf. Eigenartig, aber dieser Reflex ist typisch, weil wir Christen unseren Kulturprotestantismus zum Grauschleier-Christentum verkommen lassen.

»Gott ist das Schönste in meinem Leben. Er ist wie ein Frühlingstag ...«, jubilierte der Fahrer strahlend wie kein Pfarrer je auf der Kanzel, und fügte gleich hinzu, als habe er meine Gedanken erraten: »Ich weiß nicht, was ihr Christen für Probleme mit eurem Gott habt.« Er war Muslim und erzählte mit leuchtenden Augen von seinem Glauben.

Was uns Christen angeht, da fällt mir immer wieder diese Geschichte ein: Da kommt der Bischof zum Pfarrkonvent und ermutigt seine Pastoren, doch die Predigten mit mehr Mimik und Gestik zu unterstreichen. »Wenn Sie vom Himmel reden«, so sein wohlgemeinter Ratschlag, »dann müssen Sie einladende Handbewegungen und ein strahlendes Gesicht machen.« – »Und wenn wir von der Hölle predigen?«, will einer der Pfarrer wissen. »Dann können Sie so bleiben, wie Sie sind ...«

Ein Kollege berichtet von einer Zugfahrt. In seinem Abteil saß eine Familie, auch Oma und Opa mit dabei, alle sahen irgendwie blass und ernst aus. »Erst dachte ich, die seien alle magenkrank, bis sich herausstellte, es waren Christen.« Trauerklöße statt Freudenboten, diesen Eindruck machen viele Fromme auf ihre Mitmenschen.

Wirkt nicht mancher Verkündiger der »Frohen Botschaft« tatsächlich wie einer, der auszog, die Langeweile zu lehren? Man sieht es ihm förmlich an, dass er einen schweren Tag hinter und einen schweren Text vor sich hat. Dass er die Not der Welt geradezu auf seinen schwachen Schultern trägt und seine armen Zuhörer nun in ein tiefes Jammertal führen will. Oft bekommt man das Tageselend in Instant-Form verabreicht: Geballt und schwer löslich. Helmut Schmidt sagt immer wieder, er sei es leid, von den Kanzeln die »Tagesschau« zu hören, statt eine Schau über den Tag hinaus.

Peinlich wird's, wenn gerade das Thema »Freude« auf dem Programm steht. Manche Predigt ist eine Karikatur des zugrunde liegenden Textes. In keinem Buch der Weltliteratur spielt nämlich die Freude eine so große Rolle wie in der Bibel. Mehr als 365 mal kommt dieses kleine Wort als große Aussage vor. So, als sollte in jeden Tag des Jahres ein positives Signal hineingehen. Doch manches christliche Zeugnis wirkt, als habe der Engel über dem weihnachtlichen Stall von Bethlehem nicht von der großen Freude gesprochen (Lukas 2,10), sondern in die Welt posaunt: »Siehe, ich verkündige euch große Probleme!«

Zu viel biblische Botschaft kommt heute im Flüsterbariton der Betroffenheit daher. Es wird zwar noch in Dur gesungen, aber oft in Moll gepredigt. Es wirkt wie die legendäre Orangensaft-Werbung: Nicht frisch, aber frisch gepresst. Manche Kanzel ist von einem merkwürdigen Grauschleier umgeben, zu viele Kirchturmuhren zeigen fünf vor zwölf.

An solche trüben Tassen scheint Friedrich Nietzsche geraten zu sein, wenn er im »Zarathustra« schreibt: »Erlöster müssten sie singen, wenn ich an ihren Erlöser glauben soll.« Dabei haben Christen doch die beste Botschaft, die es gibt. In allem Zerbruch dieser Welt wissen sie etwas vom Heil. Gegen die Macht des Todes setzen sie die lebendige Hoffnung. Gegen alle Endzeitstimmung bezeugen sie die Perspektive eines neuen Himmels und einer neuen Erde. Sie wissen, wo Vergebung, Erlösung und Rettung zu finden sind.

Diese Botschaft ist absolut konkurrenzlos auf dem überfließenden Markt religiöser Möglichkeiten. Sie stellt alles andere in den Schatten. Nur wird mancher Staubsauger eben mit mehr Enthusiasmus und Engagement verkauft als diese beste aller Nachrichten. Und vom Gewinn eines Fußballspiels weiß mancher Christ auch euphorischer zu berichten als vom Sieg über Tod und Teufel. Zusammengebissene Zähne sind kein Zeichen gelebten Christentums, sondern geöffnete Herzen, Hände und Lippen, um Freude in diese Welt zu tragen.

Kann es sein, dass wir uns unserer Sache nicht mehr sicher sind? Dass wir uns in blutleere Theorie flüchten, weil das Evangelium unser Herz nicht erreicht hat, die

Mitte unseres Lebens? »Wes das Herz voll ist, des geht der Mund über« (Matthäus 12,34). Das Angstszenario mancher Verkündigung lässt jedoch eher darauf schließen, dass die Hosen voll sind.

Christoph Blumhardt (1842–1919), der schwäbische Pietist und Politiker, hat den Christen seiner Zeit ein werbendes Selbstbewusstsein verordnet, das gerade wir heutigen wieder bräuchten: »Nie sollen uns die Ereignisse des Tages beherrschen, wir wollen sie beherrschen. Leben oder Tod, Licht oder Finsternis, Freude oder Leid, Trübsal oder Jauchzen, alles muss unter unsere Füße, alles muss zur Ehre Gottes ausschlagen, weil Jesus lebt und wir auch leben. So sollen die Jünger Jesu sein, so sollen sie ihn verkündigen.«

Jener Blumhardt, zeitweise für die SPD im Württembergischen Landtag, hat übrigens spontan und typisch reagiert, als man ihm am 13. August 1913 die Todesnachricht von August Bebel, dem Begründer der organisierten Sozialdemokratie überbrachte: »Na, der wird jetzt Augen machen!« Für ihn war klar, dass ein Leben nach dem Sterben in die Gegenwart und vor den Richterstuhl Gottes gelangt und nicht im Grab und im Nichts endet. Das war der Urgrund und die Kraftquelle seiner großen missionarischen, seelsorgerlichen, sozialen und politischen Leistungen, die bis heute nachwirken.

Das ist der letzte Ernst christlicher Existenz, wenn der Philosoph Sören Kierkegaard davon spricht, dass »Christentum Existenzmitteilung« ist: Ich will, dass Menschen gerettet werden, dass sie der Macht des Bösen entrissen werden.

Diese überlebenswichtige Botschaft gilt es glaubwürdig auszuleben und einladend zu verkünden. Es ist eine Einladung zur Hochzeit, nicht zur Trauerfeier. Ein Ausländer ohne Deutschkenntnisse, mit dem ich einen Gottesdienst besuchte, sagte mir später, als wir über die Predigt sprachen: »Es muss ja etwas ganz Schreckliches passiert sein …« Er interpretierte dabei nur die Stimmung, die er erlebt hatte, die lahmen Lieder, die behäbigen Bewegungen, die belehrende Sprache, den weihevollwürdigen Ton und den fehlenden Funken, der Herzen entflammen kann. »Christentum ist Brandstiftung« (Sören Kierkegaard). Erlebt hatte der Freund aus Afrika jedoch nur Asche ohne jede Glut.

Die Botschaft des Evangeliums (griech.: Gute Nachricht) löst einen Flächenbrand der Liebe und der Freude aus. Davon muss man etwas merken. Christen sind keine Thermometer, die die Minusgrade dieser Welt anzeigen. Sie sind Thermostate, die die Temperatur verändern. »Christen sind Menschen, in deren Gegenwart man sich wohlfühlt« (Johannes Busch). Die sich selbst in den Schatten stellen, um die Sonne nicht zu verdecken. Evangeliumsverkündigung mit Leichenbittermiene ist ein Widerspruch in sich.

Natürlich, auch Christen sind nicht immer obenauf. Den ewigen Sonnyboys rede ich hier nicht das Wort. »Immer nur lächeln, immer vergnügt« ist nicht die Grundmelodie unseres Glaubens. Das Große Halleluja wird allzu oft vom Kyrie eleison übertönt. Christliche Grundüberzeugung bringt eine ganz andere Tonart zum

Klingen: »In dir ist Freude in allem Leide.« Dies ist kein psychologischer Klimmzug des Verdrängens, sondern beruht auf der Gewissheit, wie es im gleichen Lied heißt: »Wenn wir dich (Jesus Christus) haben, kann uns nicht schaden Teufel, Welt, Sünd oder Tod; du hast's in Händen, kannst alles wenden, wie nur heißen mag die Not« (Cyriakus Schneegass, 1598). Wem die Urangst genommen ist, dem ist das Leben eröffnet: »Über nichts kann der Mensch Herr werden, solange er den Tod fürchtet. Wer aber den Tod nicht mehr fürchtet, dem gehört alles« (Leo Tolstoi, 1828–1910).

Wie zum Leben das Leiden gehört, so gehört zum Glaubensleben die Freude. Die Trauer kann unser Leben nicht mehr bestimmen, deshalb kann man statt Klagelieder Lobgesänge anstimmen. Diese »Lieder aus der Tiefe« haben schon mehr Menschen überzeugt als die oberflächlichen »songs of joy«.

Solche Freudenboten brauchen wir. Angsthasen haben wir genug. Ein Glaube, der auch in schweren Stunden Gewissheit ausstrahlt, bedarf keiner Werbestrategie. Er überzeugt, weil er echt ist. Wer davon etwas ausstrahlt, braucht nicht viele Worte. Lebensevangelisation ist gefragt. Wer Jesus Christus in sein Leben holt, hat sein Dasein auf Freude gestimmt. Freude, die auch im Leid noch durchhält und durchträgt. Das Leben triumphiert über den Tod. Deshalb sind Freude und Hoffnung zwei Seiten einer Medaille.

Der Mensch kann nicht leben, ohne etwas zu haben, auf das er sich freuen kann. Deshalb kann niemand die

Freuden, die die Schöpfung bietet, besser genießen als ein Christ, der seine Hoffnung auf die Ewigkeit setzt. Wer Jesus kennt, der kann das Leben genießen, ohne dem Vergänglichen nachzutrauern. Er weiß ja: Das Schönste kommt noch. Nicht die untergehende Welt, sondern der wiederkommende Christus ist unser Ziel. Ob man uns das auch abspürt?

Viel zu viele Christen machen den Mitmenschen die Welt madig und mies, betätigen sich als Betroffenheitsspezialisten und sind Bedenkenträger, statt Hoffnungsträger zu sein. Sich an nichts freuen können, sich selbst und anderen nichts gönnen, überall ein schlechtes Gewissen erzeugen – das ist die schlechteste Werbung für den Schöpfergott, »der alles so herrlich regieret«. Das ist kein Freifahrtschein für eine libertinistische Lustgesellschaft, aber eine Einladung zu einer realistischen Weltsicht.

»Ich bin durch die Welt gegangen, und die Welt ist schön und groß«, singt Eleonore Fürstin Reuß (1835–1909), der die Reichtümer zu Füßen lagen. Ja, diese Welt ist schön und groß, weil sie die liebevolle Schöpfung eines liebenden Gottes ist. Und das dürfen wir genießen! Doch Fürstin Reuß rückt die Proportionen und Prioritäten zurecht, wenn es weiter heißt: »Und doch ziehet mein Verlangen mich weit von der Erde los.« Gerade weil die Welt so schön und deren Gaben ein Genuss sind, ist Jesus Christus umso größer, das ist die Logik. Wer die Welt madig macht, macht Gott mickrig!

Freude muss der Grundton unseres Lebens werden. Sie muss durchklingen und durchdringen. Christen sind im

Sinne Luthers promovierte Führungskräfte: »Die Freude ist der Doktorhut des Glaubens.« Wer sich nicht freuen kann, ist arm dran. Er macht sich und anderen die Welt zum Jammertal. Wer aber anfängt, sich auch über kleine Dinge zu freuen, dessen Leben wird intensiv und dankbar. Denn Gott ist im Kleinsten am allergrößten.

Gott schenkt Freude über den Tag hinaus. Wer im Einklang mit ihm lebt, durch den erklingen Freudentöne. Er bringt Licht in eine Welt der Finsternis. Wird Trostspender in einer Welt voll Leid. Ist Christusbote in einer Welt ohne Gott.

Bedenkenträger und Betroffenheitsspezialisten haben schlechte Karten. Angst- und Panikmacher sind längst nicht mehr am Zug. Freude ist Trumpf. Wann haben Sie diese Karte das letzte Mal ausgespielt?!

Heidenangst und Christusfreude

Angst hat Hochkonjunktur. »Die Zukunft gehört der Angst«, meinte der Schweizer Schriftsteller Max Frisch. Kein anderes Gefühl gehört so grundlegend zur menschlichen Existenz wie die Angst. Wir müssen sie gar nicht erst herbeireden. Sie ist einfach da. Sie nagt und bohrt. Sie raubt uns den Schlaf. Sie lässt sich oft gar nicht benennen und begründen. Man fühlt sich in die Enge getrieben und hat Angst, die Angst nicht mehr in den Griff zu bekommen.

Die Angst hat unzählige Gesichter. Da ist Angst vor

Kriegen und Katastrophen, vor Krankheit und Tod. Die Angst vor der Einsamkeit und dem Älterwerden. Die Angst vor der Blamage, dem Versagen. Dass man in seinen Verpflichtungen schwimmt, keinen Boden mehr unter den Füßen sieht und in seinen Problemen untergeht. Schulangst, Prüfungsangst, Berufsangst, Zukunftsangst, Angst vor Mobbing.

»Kein Großinquisitor hat so entsetzliche Folterungen in Bereitschaft, wie die Angst … die ihn nie loslässt, nicht in der Zerstreuung, nicht im Lärm, nicht während der Arbeit, nicht am Tage und nicht in der Nacht« (Sören Kierkegaard).

In dieser Welt »jenseits von Eden« gibt es keine angstfreien Zonen. Die Angst gehört einfach zu unserem Leben. Deshalb analysierte Jesus Christus bereits vor zwei Jahrtausenden nüchtern und messerscharf: »In der Welt habt ihr Angst« (Johannes 16,33). Auch ihr Christen, ihr Frommen, ihr Rechtschaffenen. Die Bibel kennt keine rosarote Optimistenbrille, keine Jenseitsvertröstung und keine Trostpflästerchen. Hier wird die Wahrheit beim Namen genannt. Darin sehe ich den bestechenden Realismus der Bibel: Hier werden die Karten offen auf den Tisch gelegt und nichts vernebelt und verniedlicht. Hier gibt es Klartext, der klarmacht, was in der Welt wirklich los ist. Alles andere also als die Beruhigungspille eines Märchenbuches. Die Einladung zum Glauben ist keine Werbung mit Wellness und einem Wohlfühlevangelium. »Eingeladen« werde ich zu Angst, Verspottetwerden, ja sogar Verfolgung. Doch das ist nur der erste Blick. Bekanntlich sieht man mit dem zweiten besser, in diesem Fall mit dem zweiten Teil des Bibelverses.

Weil Angst zum Leben gehört, gibt es nur eine Alternative, zwei Möglichkeiten: Entweder ich werde mit der Angst fertig – oder die Angst macht mich fertig. Eine dritte Möglichkeit gibt es nicht. Angst kann man weder verdrängen noch überspielen oder vergessen. Man kann sie nur überwinden. Überwinden durch den, der das Todesgesetz und damit die Urangst dieser Welt überwunden hat: Jesus Christus. Denn das letzte Machtwort spricht nicht die Weltmacht Angst, sondern der Welterlöser Jesus Christus. »Wer den Tod nicht fürchtet, ist durch nichts zu erschrecken« (Otto von Bismarck). Wer weiß, wem die letzte Stunde gehört, braucht den nächsten Augenblick nicht zu fürchten.

»Seid getrost, ich habe die Welt überwunden«, ist die große Lebensverheißung von Jesus Christus (Johannes 16,33). Dazu werde ich im Tiefsten eingeladen, das ist der zweite Blick, die strahlende Seite der Medaille. Dieser Trost bedeutet keine Garantie für ein angstfreies Leben. Trost im Sinne der Bibel heißt: Gegenwart Gottes mitten in der Angst. Dass er uns nicht allein lässt. Dass er uns nicht in der Angst versinken lässt, wenn uns das Wasser bis zum Hals steht. Dass er unserer Ohnmacht seine Allmacht gegenüberstellt. Wo wir am Ende sind, beginnen erst seine eigentlichen Möglichkeiten, so die Erfahrung Dietrich Bonhoeffers.

»Seid getrost, fürchtet euch nicht! Seht, da ist euer Gott!« (Jesaja 35,4). Von Menschen und Mächten bedrängt und bedroht – und dennoch gehalten, geborgen in Gott.

Der Blick von der Notlage zum Notwender, das ist der Anfang vom Ende der Angst. Da verlöschen die Zweifel, da erstickt die Angst, da wächst Mut. Wir brauchen nicht die Helden zu spielen, aber wir dürfen doch etwas ausstrahlen von dem, was uns stark macht. Diese innere Stärke setzten die Christen der früheren DDR der waffenstarrenden und Stasi-durchsetzten SED-Diktatur entgegen, und es war mir in den 1980er-Jahren immer wieder einen Besuch und einen Blick wert. Der Berliner Dom stand immer noch als Ruine da, umgeben von einem hässlichen Bretterzaun. Gegenüber der Ruine wie ein Trotzsymbol des sozialistischen Atheismus der prunkvolle »Palazzo prozzo«, der Palast der Republik, 1976 von Erich Honecker eröffnet.

An der schwarzen, zerschossenen und verrußten Fassade des Domes hatte die Kirche nur eines erneuert, und das mit kostbarem Blattgold: Die beiden Schrifttafeln hoch oben am Fries leuchteten in der Sonne und setzten den Machthabern eine trotzige Botschaft entgegen: »Unser Glaube ist der Sieg, der die Welt überwunden hat«, so das eine Bibelwort aus 1. Johannes 5,4. Dieser Sieg war nicht das Ergebnis von Heldenmut oder nackter Verzweiflung der Verfolgten. Den Grund ihrer felsenfesten Gewissheit haben die Dombauer ebenfalls in Stein gemeißelt, sie ist mit einem Jesus-Wort auf der anderen Tafel zu lesen: »Siehe, ich bin bei euch alle Tage bis an der Welt Ende« (Matthäus 28,20).

Gott ist es, der ein für alle Mal die Machtverhältnisse

geklärt hat. Davon dürfen wir leben, daraus dürfen wir hoffen. Einmal werden sich alle Knie vor ihm beugen müssen. Doch es gehört zu den großen Geheimnissen Gottes, schon hier den Schleier immer wieder einmal ein Stück zu lüften: Den »Palast« gibt es nicht mehr, er überdauerte nur 30 Jahre und fiel der Abrissbirne zum Opfer. Der Dom steht in strahlender Schönheit, restauriert in der zentralen Mitte der Hauptstadt. Am 9. November 1989 war aller Welt klar, wer das letzte Wort hat. Das Ende von Mauer, Todesschüssen, Foltergefängnissen und dem ideologischen, Menschen zerstörenden Kampf gegen alles Christliche war der Anfang einer neuen Freiheit, die die Chance eröffnet, der Heidenangst zu entkommen. Nicht Menschen und Mächte haben das letzte Wort, Christus wird es sprechen.

Nach dem schrecklichen Terroranschlag auf die Zwillingstürme des World Trade Centers in New York erinnerte Bürgermeister Rudolph Giuliani während der bewegenden Gedenkfeier am 14. September 2001 an das, was er »das Wunder des 11. September« nannte: »Bei dem verheerenden Anschlag blieb die kleine katholische Kirche neben dem völlig zerstörten World Trade Center, die St. Paul's Chapel, völlig unversehrt stehen. Alles um sie herum versank in Schutt und Asche, doch noch nicht einmal die Fenster der Kirche wurden zerbrochen. Der Anblick dieser Kirche, die unberührt, sicher und ruhig inmitten der Ruinen steht, sendet uns ein deutliches Zeichen. Ich glaube, die Kirche steht hier als Zeichen der Hoffnung und als Gleichnis des Guten, das im Anblick

108

des Bösen dennoch widersteht.« Der Polizist D. Capellini, gefeierter Held der Rettungsmannschaften, bekannte, jahrelang achtlos an der Kirche vorübergegangen zu sein, ohne sie je zu betreten: »Jetzt merke ich auf einmal, welchen Frieden ihre Botschaft ausstrahlt, wenn man bedenkt, was direkt drumherum passiert ist.«

Dies fröhlich zu bezeugen ist Wesensmerkmal von Menschen, die mit Ernst Christen sein wollen. Solche Mutmacher braucht das Land. Bangemacher haben wir genug. Kein Wunder, wenn Zeitanalysen und Umfragen feststellen: Wo im Glauben Ebbe ist, steigt in der Angst die Flut. Noch nie glaubten so wenige an einen lebendigen Gott, noch nie bejahten so viele die Frage nach der Lebensangst. Das bestätigt nur die aktuelle Tiefendiagnose der uralten Bibel. Wo der Halt des Glaubens wackelt, da wächst die Angst.

Laut »Sozioökonomischem Panel« vom Januar 2011, das das Deutsche Institut für Wirtschaftsforschung (DIW) veröffentlicht, trägt religiöser Glaube wesentlich zur Lebenszufriedenheit bei. Wie soziales Engagement und ein gesunder Lebensstil hat der Glaube einen mindestens ähnlich starken Einfluss auf das Wohlbefinden. Personen mit uneigennützigen oder familienorientierten Zielen seien auch zufriedener als solche, die in erster Linie nach beruflichem und materiellem Erfolg streben. Wie die Soziologen ebenso herausgefunden haben, tun zu viel Egoismus und rein ökonomisches Wachstum einer Gesellschaft nicht gut.

Nur die Umkehr zu Gott lässt uns weiterkommen,

damit aus der Heidenangst Christusfreude wird. Denn »es wird nicht dunkel bleiben über denen, die in Angst sind« (Jesaja 8,23).

Der Fluch der Eile

Kurz vor der Landung blättere ich noch einmal in meinem Amerika-Reiseführer. Mein Urlaubsziel wird dort so beschrieben: »New York ist keine Stadt, sondern eine Zeitmaschine – oder ein Kino, in dem die Filme schneller ablaufen als anderswo.«

Wir leben im Zeitalter der Beschleunigung, unter dem Diktat der Eile, dem Druck der verordneten Zeit. Wir sind besessen von der fixen Idee, alles müsse immer schneller gehen. Es gibt Schnellimbisse, Mikrowellen und Sekundenkleber. Wenn die hastig geschlürfte Fertigsuppe einen Flecken auf dem Anzug macht, wird der sofort entfernt. In einer Schnellreinigung im Stundentakt, wo einem der Schnellbesohler noch nebenbei die Schuhe repariert.

Der Schnellgang als Symbol unserer Zeit. Aus dem Geschwindigkeitsrausch ist längst ein Geschwindigkeitskult geworden. Unsere High-Speed-Generation der ständigen Temposteigerung kann mit Geduld und Stille nichts mehr anfangen. Man pflegt den Stress und hegt die Hektik. Stillstand bedeutet Herzstillstand. Ruhe ist tödlich – obwohl doch eigentlich in der Ruhe Kraft liegen soll.

Viele sind Opfer eines Zeitinfarktes. Ständig nervös, völlig überdreht, oft gereizt, häufig mit den Nerven am

Ende. Sklaven des Tempos, gejagt im ständigen Wettlauf mit den Terminen. Wir brauchen das Tempo, denn Zeitdruck lenkt ab. Stille quält, Betriebsamkeit beseelt.

Der Mensch hat Angst vor einer Pause, weil er in der Stille nur die innere Leere hört. Der »Verlust der Mitte« (V. E. Frankl) hält ihn auf Trab. Weil er Gott verloren hat, wird er zum Anbeter der Arbeit. Wer Gott ausblendet und sein Ich vergötzt, muss seine Zeit mit anderen Werten füllen. Je größer die innere Leere, desto kleiner die äußere Ruhe. Vor lauter Dringlichkeit verlieren wir das wirklich Wichtige aus den Augen.

Zeitnot bringt Atemnot. Wer keine Zeit mehr hat, dessen Leben ist bereits erloschen. Aus dem Gottesgeschenk Zeit wird ein Teufelskreis: Jahrzehntelang haben wir keine Zeit, weil wir ja eines Tages Zeit haben wollen, die Zeit zu genießen. Kommt jedoch die Zeit, wenn wir Zeit haben könnten, die Zeit zu genießen, haben wir keine Zeit mehr. Dann sind wir kaputt, weil wir das Leben verpulvert haben.

Auf der Suche nach Leben wird die Zeit totgeschlagen. Dabei mahnte schon Erich Kästner hintersinnig: »Denkt an das Fünfte Gebot: Schlagt eure Zeit nicht tot!«

In Österreich gibt es einen »Verein zur Verzögerung der Zeit«. Natürlich ist es wichtig, innezuhalten und nachzudenken. Doch die Sehnsucht nach Entschleunigung ist letztlich Selbstbetrug. Kein Mensch kann die Uhr anhalten, sie läuft unaufhörlich, ihr Ticken ist ein mahnendes Zeichen. Deshalb ist die Digitalisierung auch ein Stück Selbstbetrug und Flucht vor der Realität, in der nichts mehr »tickt«.

Die Zeit liegt in Gottes Händen. Die Zeit ist Gottes Art, Kredit zu geben. Der Sinn von Krediten ist es aber, sie optimal zu nutzen. Unser Terminplaner kann noch so raffiniert und ausgeklügelt sein. Er wird so lange kosmetische Korrektur bleiben, solange ich nicht bereit bin, mein Lebenskonzept zu ändern. Zeit zu haben, ist eine Kunst. Und Kunst kommt von Können. Ich kann also etwas tun. Richtiger Rhythmus schafft dem Leben Raum.

Beste Vorbilder sind das Atmen und der Herzschlag. Wie ich ein- und ausatme, so sollte ich auch meine Zeit ein- und austeilen, damit sie zum Segen und nicht zum Fluch wird: Geben und Nehmen, Fasten und Feiern, Ruhe und Arbeit, Loslassen und Annehmen. Der Herzrhythmus besteht aus drei Phasen: ein Drittel Arbeit, zwei Drittel Ruhen. So erfüllt es seine lebenswichtige Funktion von der ersten bis zur letzten Stunde – durchschnittlich dreitausend Millionen Schläge im Lauf des Lebens.

Das Beispiel des Herzens lehrt: acht Stunden Arbeit, acht Stunden Schlaf, acht Stunden tun, was unsere Kräfte erneuert. Das nennt man Muße – ein Fremdwort in einer Welt des »Muss«. Jemand gab mir den Rat: »Gönn dir einen Wüstentag!« Denn in der Stille kommen wir zu Gott und damit zu uns selbst. »Wüstentag« ist das krasse Gegenteil der Negativbegriffe unserer wüsten Tage: Zerstreuung, Ab-lenkung, Unter-haltung, Ver-treib.

»Zeit ist nicht Schnellstraße zwischen Wiege und Bahre, sondern Platz zum Parken an der Sonne« (Phil Bosman). Das Licht der Welt hat einen Namen: Jesus Christus (Johannes 8,17). Sein Licht wirft einen hellen

Schein der Hoffnung, wo sich Resignation breitzumachen droht. Er stellt meine Füße auf weiten Raum (Psalm 31,9), weil Ewigkeit der Zeit ihre Begrenzung nimmt. »Es ist nur einer ewig und an allen Enden, und wir sind in seinen Händen« (Matthias Claudius). Gott sei Dank!

Tyrann Terminkalender

Die meisten halten die Zeit fest wie ein kostbares Privateigentum. Nur wenige sind bereit, sie zu teilen. Und noch weniger sind in der Lage, sie einzuteilen. Viele sind Sklaven der Zeit. Der Tyrann Terminkalender treibt. Jede freie Minute wird lückenlos verplant. Man nennt »ausgefüllt«, was in Wahrheit überfüllt heißen müsste. Der Tag hat schließlich nur 24 Stunden. Für jeden. Wir alle haben das gleiche Kapital auf dem Konto. Wer nie Zeit hat, der gesteht damit ein, sein Konto dauernd zu überziehen. So versuchen wir mit allerlei Tricks, Zeit zu gewinnen – und verlieren sie doch, weil die Minuten unaufhaltsam verrinnen.

»Zeit ist das, was man immer zu wenig hat«, sagte mir ein Manager. Er befand sich im ständigen Wettlauf mit der Zeit, lebte wie vom Uhrzeiger gejagt. Er stürzte sich in den Tag und packte mehr hinein, als ihm die Kraft erlaubte. Seine Lieblingsworte waren Zeitdruck und Zeitnot. Als sein Herz nicht mehr mitmachte und die Uhr seines Lebens abzulaufen drohte, da hatte er plötzlich Zeit. Das quälende Dämmern auf der Intensivstation dauerte »Ewigkeiten«. Heute, wieder genesen, meint er:

»Das Leben ist mir noch einmal geschenkt. Ich hatte meine Kleidung von den besten Designern, doch innerlich war ich leer.«

Dieses Geschenk kostet er nun aus, dankbar und bewusst. Er füllt die Zeit mit Leben und schlägt sie nicht mehr tot. Er vertreibt sie nicht mehr wie einen Feind, sondern behandelt sie wie den besten Freund.

Das Wort »Zeitvertreib« gibt es übrigens wohl nur im Deutschen. Andere Sprachen sprechen von pastime, passe-temps, passatempo oder pasatiempo ... Die Zeit wird verbracht, nicht verbraucht oder vertrieben. Der Zeitvertreib macht jedoch vergessen, dass die Zeit wirklich vergeht. Wer zu viel in seinem Leben will, hat immer zu wenig Zeit. Keine Zeit zu haben, ist das Kennzeichen einer gehetzten Welt, der die Ruhe der Ewigkeit verloren gegangen ist. Die dauernde Angst, etwas zu verpassen, macht unzufrieden und selten froh. Die Versäumnisangst ist eine der größten Neurosen der Moderne.

Die Zeit läuft uns davon, wir laufen hinterher – und verlieren uns dabei selbst. Keine Zeit hat eigentlich nur der, dessen Leben bereits vorbei ist. Zeit ist kostbar. Und was kostbar ist, das darf man nicht verschleudern. Höchstens verschenken. Sich Zeit nehmen für andere macht reich. Geiz macht einen selbst arm. Zeit, die ich Gott zur Verfügung stelle, ist meist ein Geschenk an meinen Nächsten. An den, den ich lieben soll wie mich selbst (Matthäus 22,39). Also: Mut zur Muße!

Gottes Lebensplan für uns gleicht keiner Wettfahrt auf der Rennstrecke zwischen Wiege und Bahre. Kraft kommt aus der Stille, in der man sich sammelt und nicht zerstreut. Denn unsere Zeit ist am besten bei Gott aufgehoben. »Die Gegenwart ist die einzige Zeit, die uns wirklich gehört und die wir nach Gottes Willen nutzen sollen« (Blaise Pascal).

Seitensprünge

Wir stehen jeden Tag 14 Minuten im Stau oder vor roten Ampeln. Wir brauchen täglich eine halbe Stunde, um Wohnung und Arbeitsplatz aufzuräumen. Vor dem Spiegel stehen wir am Tag 17 Minuten, vor dem Fernseher sitzen wir 183 Minuten. Und da die Statistik nichts auslässt: 12 Minuten verbringen wir auf der Toilette. Nur mit unserem Partner, mit dem Menschen, der uns am nächsten steht, reden wir ganze zehn Minuten pro Tag. Zehn Minuten!

Experten haben festgestellt, dass die Zeit, die sich Männer und Frauen nehmen, um miteinander zu sprechen, immer kürzer wird. Es scheint, als habe man sich nichts mehr zu sagen. Man ist zusammen, aber doch zugleich weit auseinander. Man schweigt sich an, ist in der Zweisamkeit der Ehe oder der Gemeinschaft der Familie nur noch mit sich selbst beschäftigt. Überall kann man es beobachten, in der U-Bahn, beim Einkaufen, im Lokal, ja selbst im Urlaub.

Da sitzt ein Ehepaar, und die einzigen Worte, die beide über die Lippen bringen, ist die Bestellung an den Kellner. Sonst kein Wort, keine Geste. Sie stochert in ihren Nudeln herum, er säbelt gelangweilt an seinem Steak. Grabesstille bis zum Dessert. Man wirkt keineswegs zerstritten. Die beiden sind nur auf Dauer verstummt.

Bei Scheidungen geben immer mehr Ehepaare als Grund an: »Wir haben uns nichts mehr zu sagen.« Und meinen das keinesfalls nur im übertragenen Sinn. Es gibt Männer, die monatelang keine Silbe mehr mit ihrer Frau gesprochen haben – und umgekehrt. Da trifft der Tatbestand der seelischen Grausamkeit zu. Wortentzug ist Liebesentzug. Wer nicht mehr mit mir redet, dem bin ich auch nichts mehr wert, für den bin ich Luft. »Das Schweigen war die Hölle«, sagt eine Frau beim Scheidungsprozess. »Ich fühlte mich wie lebendig begraben.«

Manche Ehe oder Freundschaft wird über Jahre hinweg zu Tode geschwiegen. Der amerikanische Schriftsteller und Friedensnobelpreisträger Elie Wiesel schreibt: »Wir haben auch erfahren, dass Schweigen nicht immer erlösend und schöpferisch ist. Es kann zum Instrument der Folter und des Todes werden.« Wir Menschen sind nun einmal zur Kommunikation geschaffen. »Es ist nicht gut, dass der Mensch allein sei« (1. Mose 2,18). Allein geht man ein. Gemeinschaft äußert sich zuallererst im Gespräch. Unser Reden miteinander und übereinander, füreinander und gegeneinander ist für eine Beziehung wie der Sauerstoff fürs Leben.

Worte können Brücken zueinander sein. Wem das Reden verboten ist, zum Beispiel in isolierter Geiselhaft, der kann darüber wahnsinnig werden. Ehe, Partnerschaft und menschliches Miteinander sind jedoch keine Einzelhaft, obwohl sich viele so verhalten und wie in einer unsichtbaren Einzelzelle leben. Oder sie werden in eine solche gedrängt. Eiskaltes Anschweigen gehört zu den Folterwerkzeugen falscher Erziehung, zum perfiden Strafmittel in einer Beziehung oder zum gnadenlosen Mobbing am Arbeitsplatz.

Die Zahl der »Seitensprünge« nimmt immer mehr zu, ermittelten Psychologen. Und sie meinen damit keine sexuellen Abenteuer, sondern die Selbstisolierung durch übermäßige Beschäftigung mit Computer, Internet und Videospielen. Man unterhält sich, aber nicht mehr mit dem Partner. Man schaut sich nicht mehr in die Augen, hat keine Berührung, alles ist nur noch künstlich und virtuell, und damit unpersönlich und unverbindlich.

»Verheiratet« bin ich mit dem Computer, eine Existenz nur aus Surfen, Chatten und Mailen – mir macht das Angst. Die künstliche Welt, herbeigezaubert in Lichtgeschwindigkeit, ergreift jeden allein und macht ihn letztlich einsam. Nichts an dieser virtuellen Welt ist echt, nichts ist wirklich, nichts lebendig. Das Virtuelle macht einsam, Realität wird erst gemeinsam. Unter Menschen nämlich, die miteinander reden, die Erfahrungen untereinander teilen.

Natürlich hat der Computer-Fortschritt Vorteile geschaffen. Doch nicht jeder Fortschritt bringt uns weiter. Nicht mit allem, was sich Fortschritt nennt, muss ich Schritt halten. Wer durch eine virtuelle Welt die sozialen Kontakte ersetzt, der ist asozial, auch wenn er sich die teu-

117

erste Elektronik leisten kann und sich das Ganze auch noch »soziales Netzwerk« nennt ...

Auf was müssen wir alles verzichten, wenn wir nur noch einsam auf matter Scheibe durchs Computerprogramm surfen?! Das freundliche »Guten Morgen« des Nachbarn und des Busfahrers, das Klönen mit Kollegen, das Gespräch beim Einkaufen und das strahlende Lachen eines Kindes sind nun einmal per Mausklick nicht zu haben.

Das Leben ist eben zu wertvoll, um das Herz gegen einen Chip einzutauschen. Diese erbärmliche Einsamkeit las ich einmal so beschrieben: »Mit den Wänden um die Wette schweigen, bis aus dem Telefon Besuch kommt.«

Natürlich kann man auch ohne Worte miteinander reden. Manchmal genügt ein Händedruck, ein Kuss, der Kontakt mit den Augen. Es gibt gemeinsam erlebte Glücksmomente, aber auch Leid, das man nicht in Worte fassen muss. »Freundlichkeit ist eine Sprache, die Taube hören und Blinde lesen können« (Mark Twain). In Schottland gibt es das schöne Sprichwort: »Die am meisten lieben, sprechen am wenigsten.« Wer wirklich zusammengehört, braucht nicht viele Worte. Dennoch weiß jeder, dass Sorgen ihr Gewicht verlieren, wenn man darüber redet. Dass tröstende Worte Wunder wirken.

Miteinander reden heißt ja auch, mit dem anderen teilen: Freud und Leid, Kummer und Glück. Das bewahrt eine Ehe, eine ganze Familie, ein Betriebsklima in guten Tagen vor Leichtsinn, in schweren Tagen vor Verzweiflung.

»Das Menschlichste, was wir haben, ist doch die Sprache, und wir haben sie, um zu sprechen« (Theodor Fontane). Wenn die Sprache das Menschlichste am Menschen ist, dann kann sie auch zum schrecklichsten Ausdruck seiner Unmenschlichkeit werden, zu Schlagwörtern und Stichwörtern im wahrsten Wortsinn.

Deshalb ermahnt der Völkerapostel Paulus vor 2000 Jahren mit bleibender Bedeutung: »Lasst kein faules Geschwätz aus eurem Mund gehen, sondern redet, was gut ist, was erbaut und was notwendig ist, damit es Segen bringe denen, die es hören« (Epheser 4,29). Das ist die Messlatte, ob mein Reden stärkend, ermutigend, hilfreich, vertrauenschaffend, brauchbar, aufbauend und zuverlässig ist. Schaffe ich mit meinen Worten Frieden oder Streit?

Ich breche keine Lanze für nichtssagende Vielredner. Ungebremster Redefluss ist noch kein Gütesiegel für funktionierende Partnerschaft. »Reden ohne Schweigen wird Geschwätz« (Romano Guardini). Schweigen kann etwas höchst Aktives sein: dem anderen zuhören. Und wer zuhört, der sucht nach Antwort. Plötzlich redet man miteinander ...

Dem Ziel entgegen

Dabei sein ist alles

Es war beim National Prayer Breakfast, dem großen amerikanischen Gebetsfrühstück in Washington. Wenige Tage nach seiner feierlichen Amtseinführung war US-Präsident Ronald Reagan damals mit vielen seiner neuen Minister dabei. Jedes Frühjahr treffen sich über tausend Spitzenpolitiker und Journalisten aus aller Welt zu diesem besonderen Anlass, den ich schon mehrfach miterleben durfte. Inzwischen gibt es diese überparteilichen und überkonfessionellen Gebetstreffen weltweit in vielen Parlamenten und Behörden, auch in Berlin und manchen deutschen Landeshauptstädten. Es wird beim gemeinsamen Frühstück ein Text aus der Bibel gelesen und das Vaterunser gebetet. Wohl die einzige Gelegenheit, bei der sich Politiker aller Parteien vertraulich (und erbaulich!) treffen können, ohne dass es morgen gleich in der Zeitung steht.

Damals, in Washington, wurde es mucksmäuschenstill im festlich geschmückten Saal des wie eine Festung geschützten Hilton-Hotels, als Präsident Reagan an sein Glas klopfte. Was der damals mächtigste Mann der Welt zu sagen hatte, bewegte uns alle zutiefst. Es war die Geschichte einer Amerikanerin, die anschließend um die Welt ging. Ein Traum. Ronald Reagan erzählte ihn in Ich-Form:

120

Ich träumte mein Leben, und es war wie ein Spaziergang am Meer. Im Sand waren zwei Fußabdrücke zu sehen, die Spur meines Lebens. Aber als ich genauer hinsah, war da noch ein zweites Paar. Ich hatte Begleitung: Gott war dabei. Mit ihm ging ich durchs Leben, er beschützte, bewahrte und führte mich. Doch manchmal sah ich nur eine Spur. Und es waren genau die Situationen, in denen es mir schlecht ging und die Probleme übermächtig wurden.

Ich dachte, es wären meine Fußtritte, die ich sah. Deshalb wandte ich mich empört an Gott und fragte ihn anklagend: »Warum ist ausgerechnet dann, wenn die Not am größten war, nur eine Spur zu sehen? Warum hast du mich gerade dann allein gelassen, wenn ich dich am dringendsten gebraucht hätte?« Da hat Gott geantwortet: »Das waren die Stunden deines Lebens, in denen ich dich getragen habe.«

Das Grunddilemma unserer Existenz bringt der dänische Philosoph Sören Kierkegaard auf die Formel: »Verstehen kann man das Leben nur rückwärts; leben muss man es allerdings vorwärts.«

Indem Gott uns durchträgt und erträgt, wird unser Leben erträglich. Er hält uns aus, gerade wenn es nicht mehr zum Aushalten ist. Er hält uns fest, damit Niederlagen uns nicht niederlegen. Und wenn wir doch fallen, so hebt uns Gott wieder auf. Er wird mit unserer Schuld fertig und macht den Weg frei zu unserem Nächsten.

»Teneo, quia teneor« war das Motto der Bekennenden Kirche während der Zeit des Nationalsozialismus: »Ich halte stand, weil ich gehalten werde.« Schwere Zeiten sind nur zu ertragen, wenn wir in engem Kontakt zu Christus und zu Christen leben. Wer im Aufblick zu Gott sein Leid erduldet, der kann auch anderen eine Hilfe sein.

»Mit dem Rücken an der Wand, im Grau der Müdigkeit, im Grau der Leere, wenn Sie nichts mehr haben, dann lesen Sie Hiob und Jeremia. Und dann halten Sie aus« (Gottfried Benn). Der Blick auf solche Menschen kann eine große Ermutigung sein. Wie viel mehr aber der Blick auf Jesus Christus, der wie kein anderer sein Leid um Gottes Willen trug. Beten richtet auf. Beten lässt aufatmen, weil es entlastet. Beten bringt inneren Frieden. Einer der legendären Vorgänger Reagans, Abraham Lincoln, der 1863 die Sklaverei in den USA abschaffte, sagte über die Ohnmacht der Politik und die Allmacht Gottes: »Ich bin schon oft betend auf die Knie gesunken, getrieben von der tiefen Überzeugung, dass ich mich an sonst niemanden wenden könnte. Mein Wissen und das der Menschen um mich herum schien für den Tag nicht ausreichend zu sein.«

Auch Worte der Bibel können heilende Medizin werden. Das Wort Gottes ist Rat und Trost. Hier gibt es eiserne Rationen für schwere Zeiten. »Fürchte dich nicht, denn ich habe dich erlöst; ich habe dich bei deinem Namen gerufen; du bist mein! Wenn du durch Wasser gehst, will ich bei dir sein, dass dich die Ströme nicht ersäufen sollen; und wenn du ins Feuer gehst, sollst du nicht brennen, und die Flamme soll dich nicht versengen« (Jesaja 43,1–2). Wenn Gott uns fordert, dann überfordert er uns nicht. Zu jedem Auftrag gibt er einen Zuschlag an Kraft. Bei jeder Aufgabe macht er uns die Auflage: »Ohne mich könnt ihr nichts tun« (Johannes 15,5).

Gott ist nicht fern im Weltall, sondern nah im Alltag. Wir haben keinen Sonntagsgott, dem unsere Alltagsprobleme gleichgültig sind. Ihn interessiert unser Leben, das berufliche und private. Und das nicht in der kritischen Distanz eines belehrenden Zeigefingers. Denn wer uns trägt, der braucht die ganze Hand! Gott zeigt Interesse in des Wortes wahrer Bedeutung. Inter-esse (lat.) heißt: dabei sein. »Siehe, ich bin bei euch alle Tage bis an der Welt Ende« (Matthäus 28,20).

Dabei sein ist alles. Wer Gott nicht will, bringt sich um alles. Ich hindere ihn, für mich da zu sein, da er sich niemandem aufzwingt. Matthias Claudius, der Pionier des Journalismus, schrieb 1799 an seinen Sohn Johannes: »Wer nicht an Christus glauben will, der muss sehen, wie er ohne ihn raten kann. Ich und du, wir können das nicht. Wir brauchen jemand, der uns hebt und hält, weil wir leben; und der uns die Hand unter den Kopf legt, wenn wir sterben müssen.«

Lebenssatt, nicht lebensmüde

Als er am 5. Dezember 2010 seinen 107. Geburtstag feiern konnte, stand er auch an diesem Abend auf der Bühne. Johannes Heesters, von seinen Fans und Freunden Jopie genannt, ist der älteste noch agierende Schauspieler der Welt. Mit 17 Jahren stand er das erste Mal im heimatlichen Holland auf den Brettern, die für ihn die Welt bedeuten. Für seine Erfolge und Beliebtheit bekam er zu seinem 107. Ehrentag bereits seinen neunten Ehren-Bambi überreicht. Eine lebende Legende. Das ist alles reif fürs Guinness-Buch der Rekorde und erinnert mich an eine Begegnung zu Beginn meiner Fernsehzeit:

»Alles in Ordnung«, sagt mein Kameramann, »wir können starten!« Das Licht ist gesetzt, die Mikrofone aufgebaut, die Kameras aufgestellt. Die kleine Wohnstube im Altenheim hat sich in ein Fernsehstudio verwandelt. Schließlich kommt die Hauptperson, kerzengerade, weißhaarig, fester Schritt. Kaum zu glauben: Vor uns steht der älteste Deutsche, gerade 107 Jahre alt geworden. Niemand würde ihn auf dieses wahrhaft biblische Alter schätzen. Diese Haltung, diese Frische, diese geistige Wachheit. 107 Jahre! Die Presse hat bundesweit berichtet, die vielen Glückwunsch-Schreiben liegen stapelweise auf dem Tisch.

Jetzt möchte ich mit dem greisen Professor ein Interview machen, frage zunächst, ob ihn das ganze technische Brimborium nicht störe. Er winkt nur lässig ab: »Wer die 105 überschritten hat, der hat Fernseherfahrung, den kann nichts mehr erschüttern!« Humor hat er also auch noch, dieser eindrucksvolle Mann.

Es ist schon ein merkwürdiges Gefühl, jemandem gegenüberzusitzen, der im dritten Drittel des vorvorigen Jahrhunderts geboren ist. Bismarck? »Als der starb, war ich gerade 18 geworden. Natürlich kann ich mich an den

124

noch erinnern. Ich weiß noch, wie die Zeitungen über seinen Rücktritt berichteten.« Aufgewachsen in Berlin habe er doch sicher auch mal den Kaiser gesehen. »Selbstverständlich. Welchen meinen Sie denn?« Klar, beim Tod des ersten Wilhelm war er ja schon sieben ...

Und dann sprudelt es nur so aus ihm heraus: Wilhelm II. habe er noch 1920 im niederländischen Exil in Doorn besucht. Ach ja, der Erste Weltkrieg, die Weimarer Republik, die Schrecken des Dritten Reiches, der Wiederaufbau mit Adenauer und Erhard ... Alles wird lebendig, ein wandelndes Geschichtsbuch sitzt mir gegenüber. Unser Team spürt: Das ist eine Sternstunde, so etwas erlebt man nicht alle Tage. Ein seltener Höhepunkt im journalistischen Alltagsgeschäft.

Doch schnell sind wir bei der Gegenwart. »Jetzt schreibe ich gerade meine dritte Doktorarbeit. Ich bin schließlich der älteste Doktorand aller Zeiten«, berichtet der Professor mit sichtlichem Stolz. 107 Jahre und wissenschaftliche Studien? Das Zimmer ist voll mit Diplomen und Ehrenurkunden. Raketen, Mondbilder, Astronauten, Weltraum überall. Der greise Gelehrte ist einer der Begründer des Weltraumrechts. Ich wusste gar nicht, dass es so etwas überhaupt gibt. Seine Arbeiten gelten weltweit als Standardwerke.

»Durch Wernher von Braun bin ich darauf gekommen. Als Juraprofessor lernte ich ihn kennen und hörte ihn über das Weltall schwärmen. Da habe ich gedacht: Das wäre doch noch eine Aufgabe für dich. Schließlich war ich da ja schon pensioniert ...« Und dann habe er

125

dem damals schon bekannten Raketenforscher mit auf den Weg gegeben: »Junger Mann, aus Ihnen wird noch was!«

Ob ich denn wissen will, was ihn an Wernher von Braun und am Mondfahrer James Irwin am meisten beeindruckt habe? Ich bin gespannt. Und ich bin tief bewegt, als der nüchterne Jurist mit einem ganzen Jahrhundert Lebenserfahrung sagt: »Beide sind bekennende Christen. Sie wissen, dass technischer Fortschritt und wissenschaftlicher Ruhm nicht alles sind. Dass Gott existiert und wir ihm unser Leben anvertrauen können.« Der greise Mann fügt nachdenklich hinzu: »Je mehr ich mich mit dem Weltall beschäftigte, desto größer wurde mir die Majestät Gottes. Und umso unbegreiflicher wurde mir die Tatsache, dass dieser ewige Gott sich um mich kleinen Menschen kümmert.«

Beide haben wir noch lange über den Satz von James Irwin gesprochen, der am 26. Juli 1971 mit der Apollo 15 als Pilot der Landefähre zum Mond gestartet war. Als erster Mensch fuhr er mit einem Auto auf dem von Matthias Claudius besungenen Erdtrabanten: »... so sind wohl manche Sachen, die wir getrost belachen, weil unsre Augen sie nicht sehn.« Für James Irwin brachte die Weltraummission die Erkenntnis, die er fortan in unzähligen TV-Sendungen und Vorträgen bezeugte: »Es ist wichtiger, dass Gott in Jesus Christus seinen Fuß auf diese Erde gesetzt hat, als der Mensch den seinen auf den Mond.« Kaum ein Wort wird an Weihnachten so oft zitiert.

Nun sind wir bei einem Thema, mit dem ich gar nicht

gerechnet hatte. Da spricht ein Mann mit einzigartiger Lebenserfahrung über seinen Glauben. Über die Kraft und die Gnade Gottes. Über die Barmherzigkeit des Herrn, der nicht nur Himmel und Erde gemacht hat, sondern der durch die Wirren eines ganzen Jahrhunderts seine schützende Hand über ihn gehalten hat. Als ich schließlich frage, wie er denn so alt geworden sei, antwortet er nicht mit den üblichen Standardfloskeln »Mäßig trinken, nicht rauchen, viel Bewegung«, sondern: »Ich habe das nicht gemacht. Das hat Gott mir geschenkt.« Und mit hintersinnigem Humor fügt er hinzu: »Ich denke jetzt nicht daran, 108 zu werden. Ich denke daran, was Gott mit mir all den Menschen zeigen will, die nach mir kommen ...«

Unserem Team, Journalisten wie Technikern, hat dieser Nachmittag in der Wohnstube eines Altenheims viel gezeigt und gegeben. Einen weisen alten Mann, fest gegründet im Glauben. Humorvoll, tiefsinnig und gescheit, stolz auf sein Lebenswerk, aber viel dankbarer über die Gnade und Güte Gottes. Als unser Assistent, der jüngste im Team, die Kameras ins Auto packt, meint er nachdenklich: »Ich hatte das Gefühl, als habe der alte Mann die ganze Zeit zu mir geredet. Der war nicht lebensmüde oder des Lebens überdrüssig. Der hatte das Leben nicht satt, der ist echt lebenssatt, wie meine Oma sagen würde. Und das mit dem Glauben hat mich irgendwie berührt ...«.

Einige Wochen später sitze ich im Flugzeug nach Singapur, Richtung Indonesien. Kurz vor der Zwischenlandung in Abu Dhabi verteilt die Stewardess die neueste deutsche Zeitung. Unter der Rubrik »Personalien« lese ich die Schlagzeile: »Ältester Deutscher gestorben.« 108 ist er also nicht mehr geworden, der greise Gelehrte mit seiner dritten Doktorarbeit über das Weltraumrecht. Aber er hat uns jungen Redakteuren viel gegeben in der kurzen Begegnung, eine der letzten in seinem langen Leben. Wir sind ihm dafür dankbar. Ich schreibe das an seinen Sohn, selbst bereits über 80.

Der greise Gelehrte hat das erfahren, was vielen Männern und Frauen der Bibel auch geschenkt wurde: Ein erfülltes Leben unter den Verheißungen Gottes. Ich denke an Abraham. Sein Lebensweg beginnt mit der Zusage Gottes: »Ich will dich segnen und du sollst ein Segen sein.« Als Abraham stirbt, lautet die Lebensbilanz: »Er starb in einem guten Alter, als er alt und lebenssatt war.« Ob man das über meinem Leben auch einmal sagen wird?

Dazu braucht man allerdings kein biblisches Alter. Deshalb ist auch keine Wellness-Religion nötig, die auf Fitness setzt. Kein Gesundheitswahn, der einer Illusion von künstlicher Lebensverlängerung anhängt. Manche sind jung, kerngesund, dynamisch und topfit – und dennoch lebensmüde!

Unvergessen ist mir der Festakt am 11. März 2007 zum 100. Geburtstag von Helmuth James Graf von Moltke, Kopf des Kreisauer Kreises im Widerstand gegen Hitler, am 23. Januar 1945 in Berlin-Plötzensee hingerichtet. In Gegenwart seiner inzwischen verstorbenen Frau Freya sagte Bundeskanzlerin Angela Merkel: »Im Januar 1944 warnte er einen Freund vor der drohenden

Verhaftung. Daraufhin wurde er selbst festgenommen. Im Alter von nur 37 Jahren wurde er hingerichtet. Aus der Haft schrieb er in seinem letzten Brief an Sie, verehrte Gräfin von Moltke: ›Mein Leben ist vollendet. Ich kann von mir sagen: Er starb alt und lebenssatt. Das ändert nichts daran, dass ich gern noch etwas leben möchte, dass ich Dich gerne noch ein Stück auf dieser Erde begleitete. Aber dann bedürfte es eines neuen Auftrages Gottes. Der Auftrag, für den Gott mich gemacht hat, ist erfüllt.‹«

Mehr kann man über den Segen des Lebens nicht sagen, doch mit weniger sollten wir uns nicht zufriedengeben.

Fortsetzung folgt

Das Gewisseste, was wir über unser Leben und über unsere Zukunft wissen, ist der kommende Tod. Der letzten Stunde kann keiner ausweichen. Keiner! Der Tod ist das dunkle Rätsel an der Grenze unseres Lebens. Und jeder Tag bringt uns ein Stückchen näher dorthin. Grausam und gnadenlos kann er uns überfallen. Herzinfarkt, Verkehrsunfall, Verbrechen, Krebs ... Der Tod will uns ans Leben. Täglich.

Machtlos stehen wir dem Diktat des Todes gegenüber. Medizinischer Fortschritt verlängert zwar die Lebenserwartung, aber sie kann den Tod letztendlich nicht aufhalten, geschweige denn verhindern. Autos und Straßen werden immer sicherer, aber das Sicherste ist und bleibt der Tod. So gesund unsere Ernährung auch ist, so krank

129

macht uns doch die Angst, dass alles zu Ende geht. Tod, Grab, Verwesung – ist das alles? Der Tod als bloßer Trauerrand des Lebens?

Was hat man nicht schon alles versucht, um dem drohenden Tod die Macht zu nehmen, ihn einfach zu unterlaufen und aus dem Leben auszublenden. Man hat ihn bagatellisiert und ignoriert, man hat ihn fatalistisch hingenommen oder gar in Todesromantik schwärmerisch überhöht. Ob aber nun »Gevatter Hein« oder der »große Sensenmann«: Er ist und bleibt der Feind des Lebens.

Doch Gott ist ein Freund des Lebens. Sein letztes Wort ist kein Nein. Das große Ja zum Leben hat ein Datum: Ostern. Der große Feind, der Tod, ist besiegt. Wir nehmen den Tod nicht mehr für voll, seit das Grab leer ist. Die leibliche Auferstehung Jesu Christi gibt unserem Leben eine neue Chance, eine neue Dimension. Ostern ist die Wende der Weltgeschichte. Gott denkt nicht daran, vor dem Tod zu kapitulieren. Das Gesetz von der Unbesiegbarkeit des Todes ist gebrochen, seit Jesus lebt. Er ist das Leben. Wer einen Pakt mit dem Leben schließt, der braucht den Tod nicht zu fürchten. Der Tod ist kein Schlusspunkt, sondern ein Doppelpunkt: Fortsetzung folgt. Auf uns wartet nicht der Tod, sondern das Leben.

Als Dietrich Bonhoeffer im Morgengrauen des 9. April 1945 im KZ Flossenbürg zum Galgen geführt wurde, sagte er seinen Mitgefangenen: »Das ist das Ende – für mich ist es der Beginn des Lebens.« Der Lagerarzt berichtet später: »Ich habe in meiner fast 50-jährigen ärztlichen Tätigkeit noch nie einen Mann so gottergeben sterben sehen.«

Die Todesstunde verrät mehr als alle Worte und Werke zu Lebzeiten. Sie ist das Gütesiegel des Lebens. Zum Heimgang eines der prägenden protestantischen Evangelisten des letzten Jahrhunderts, Anton Schulte, schrieb sein Missionswerk »Neues Leben« am 26. Dezember 2010: »Während seine Frau Heidi mit ihm betete, ist er still eingeschlafen. In den letzten Stunden seines Lebens sprach er von Jesus. ›Jesus ist da!‹. Diesen Satz hat er immer wieder gesagt.« Wer angesichts des Todes vom Leben sprechen kann, der ist auch sonst schwer zu erschrecken. Wer weiß, wem die letzte Stunde gehört, der braucht den nächsten Augenblick nicht zu fürchten. Das motiviert und ist Motor und Impuls, in dieser todverfallenen Welt Zeichen des Lebens zu setzen.

Wem der Himmel gewiss ist, dem kann die Erde nicht gleichgültig sein. Er kann dienen, weil er sich nichts mehr verdienen muss. Jede echte Hoffnung gestaltet die Gegenwart. Der Tod ist das Tor zum Leben. Wer diese Zukunft hat, der kann die Gegenwart mit Hoffnung gestalten. »Geborgenheit im Letzten gibt Gelassenheit im Vorletzten« (Romano Guardini).

Deshalb ist es (über-)lebenswichtig, dass unsere Hoffnung größer ist als unsere Sorge; dass unsere Erwartungen größer sind als unsere Erinnerungen.

Worauf wir uns verlassen können

Wir brauchen Hoffnung. Ohne Zukunft kann man die Gegenwart nicht ertragen. Dann wird alles sinnlos. Hoffnung ist Sauerstoff fürs Leben. Wer nichts mehr zu hoffen hat, verfällt der Verzweiflung. »Ein Leben muss sich auf die Zukunft entwerfen lassen, wenn die Menschen es als lebenswert empfinden sollen. Mit dem Kopf an der Mauer leben allenfalls die Hunde« (Albert Camus).

Es stimmt: Der Mensch lebt von der Hoffnung. Aber doch nicht von irgendeiner! Nicht von Illusionen und Träumereien. Nicht von Utopien und Fantasien. Er braucht eine begründete Hoffnung auf eine realistische Zukunft. Alles andere ist Betrug, Irrlicht im Labyrinth der Sinnsuche.

Wer sich selbst Hoffnungen macht, lügt sich die Zukunft in die Tasche. Davon kann man nicht leben. Vor allem aber nicht sterben. Denn keiner will doch am Abend seines Lebens sagen müssen: Es war alles umsonst. Ohne Hoffnung leben heißt: ohne Ziel leben. Wo aber kein Ziel ist, gibt es auch weder Weg noch Sinn. Wer kein Ziel vor Augen hat, geht im Kreis. Der tappt im Dunkeln umher. Ziellosigkeit ist Sinnlosigkeit. Dieser Teufelskreis kann nur durchbrochen werden, wenn ich anfange, nach dem Ziel der Welt und dem Sinn des Lebens zu suchen.

Resignation oder Motivation – das ist die Frage. Unsere müde Kultur ist das Ergebnis der Hoffnungslosigkeit. »Der Nihilismus, der unheimlichste aller Gäste, steht vor der Tür« (Martin Heidegger). Dabei hatte sich doch ein ganz anderer Gast angesagt: »Siehe, ich stehe vor der Tür und klopfe an. Wenn jemand meine Stimme hören wird und die Tür auftun, zu dem werde ich hineingehen ...«

(Offenbarung 3,20): Jesus Christus. Wendezeit zur Zeitenwende. Christusfreude statt Heidenangst.

Was Christus bringt, haben die Gründer der Universität Freiburg über das Portal in Stein meißeln lassen: »Die Wahrheit wird euch freimachen.« Frei von quälenden Sehnsüchten und zweifelnden Fragen. Frei vom täglichen Begraben selbst gemachter Zukunftspläne und Hoffnungsideale.

Die Frage nach der Hoffnung ist die Frage nach der Wahrheit. Nicht Menschengemachtes, sondern Gottgesetztes gibt die Antwort. Nicht Religion, sondern Christus. »Ein Spießbürger ist der, der ein absolutes Verhältnis zu relativen Dingen hat« (Sören Kierkegaard). Wer auf Vergängliches baut, spricht sein eigenes Todesurteil.

Wir brauchen Positionslampen, keine Irrlichter. Wahrheit statt Lüge. Keinen Hoffnungsschimmer, sondern Hoffnung pur. Die Wahrheit, die frei macht, ist Person geworden, es ist der, der von sich sagen kann: »Ich bin der Weg und die Wahrheit und das Leben« (Johannes 14,6).

»Gott, lass uns dein Heil schauen, auf nichts Vergänglichs trauen!« (Matthias Claudius)

Sehnsucht nach Segen

Als der frühere amerikanische Präsident Bill Clinton zum zehnten Jahrestag des Mauerfalls Deutschland besuchte, rief er den begeisterten Berlinern zum Schluss seiner Rede zu: »God bless you!« Der Dolmetscher übersetzte diese

Worte mit: »Viel Glück!« Ich weiß nicht, ob er das »Gott segne Sie!« als bloße amerikanische Floskel empfand und sie deshalb mit einer deutschen Floskel wiedergab. Oder ob er die wörtliche Übersetzung als überholt und veraltet betrachtete.

Auf jeden Fall war der Mann weder auf der Höhe seiner Bildung noch auf der Höhe unserer Zeit. Denn Segen ist alles andere als antiquiert. Selbst Menschen, die mit dem Glauben wenig zu tun haben wollen, verspüren heute eine Sehnsucht nach Segen.

Sie tun das, wie mir ein Kollege eingestand, weil sie die Empfindung haben und die Erfahrung machen: Unser Leben ist letztlich nicht kalkulierbar. Wir haben es nicht völlig im Griff. Es braucht da noch etwas, damit unser Leben eine runde Sache wird. Die Suche nach Sinn, Halt und Heimat ist ein neuer Trend, so Zukunftsforscher Horst Opaschowski: »Die Religiosität kehrt als Lebensgefühl wieder in den Alltag zurück.« Einer der bekanntesten TV-Unterhalter Deutschlands, Harald Schmidt, erklärte in der ARD-Sendung »Beckmann«: »Je schlechter die Zeiten, umso glücklicher sind die Leute, die in der Kirche Halleluja singen können.«

An vielen alten Häusern sieht man diesen Spruch in Balken eingeritzt oder aufgemalt: »An Gottes Segen ist alles gelegen.« Es ist die uralte Erfahrung, dass letzte Lebenserfüllung nicht von Menschen machbar ist. Dass ohne Gott alles zu kurz gerät. Dass ohne Gott keine Rechnung aufgeht. Wie die Luft zum Atmen brauchen wir den Segen Gottes.

Dieser Segen ist jedoch keine geheimnisvolle Zauberkraft, keine Wirkung mystischer Mächte, auch kein automatischer Glücksbringer. Segnen heißt auch nicht »etwas absegnen« – also etwas gut heißen (sanktionieren!) oder religiös überhöhen. Man kann nur das segnen, worauf Gott selbst seinen Segen gelegt hat. Alles andere ist banale Belanglosigkeit, die den Namen »Segen« zur Farce verkommen lässt.

Segnen kommt von dem lateinischen Wort »signare«. Ein Künstler signiert sein Werk. Er macht damit sichtbar, dass es von ihm stammt, er kennzeichnet es als sein Eigentum. Im Namen Gottes zu segnen, heißt also: Du gehörst zu ihm, du bist sein Eigentum, von ihm beschlagnahmt und beschenkt. Der Prophet Jesaja drückt das im Alten Testament so aus: »Und nun spricht der Herr, der dich geschaffen hat: Fürchte dich nicht, denn ich habe dich erlöst; ich habe dich bei deinem Namen gerufen; du bist mein« (Jesaja 43,1).

Dieses lateinische »signare« bedeutet aber noch mehr: Das Kreuzzeichen machen, jemand mit dem Kreuz von Christus kennzeichnen. Es wird also nichts ab-gesegnet; es wird ein-gesegnet: jemanden in den Machtbereich von Jesus Christus stellen, in die Freiheit, an die Sonne, ins Leben.

Der letzte Ernst des Segens besteht nicht in einem Leben in Hülle und Fülle und auf lauter Höhenwegen, sondern im Entrissensein aus teuflischer Tiefe. Deshalb sagt Martin Luther in seinem Abendsegen: »Denn ich befehle mich, meinen Leib und Seele und alles in deine

Hände. Dein heiliger Engel sei mit mir, dass der böse Feind keine Macht an mir finde.«

Ein Leben unter der Kreuzes-Signatur ist ein Leben in der Kreuzes-Nachfolge. Segen setzt in Bewegung. Als Christ ist mir kein ruhig-beschauliches, reibungslos-bequemes Dasein garantiert. Keine runde Biografie. Segen schließt Leid nicht aus, aber Gottes Gegenwart im Leid ein. Dass er aus einer krummen Biografie etwas machen kann.

Gottes heilender Segen in einer zerrissenen Welt – dieses Paradox hat der Berliner Journalist Jochen Klepper mitten in der Zeit des Nationalsozialismus in eine tiefsinnige Liedzeile gegossen: »Gott will im Dunkel wohnen und hat es doch erhellt.« Segen ist eben doch nicht dasselbe wie »alles Gute« oder »viel Glück«. Nein, viel mehr: »Lachen oder Weinen wird gesegnet sein.«

Und gesegnet heißt: Ich stehe nie allein, mit Gott bin ich immer in der Mehrheit, ich stehe unter seinem persönlichen Schutz. Gesegnete Menschen kommen immer in vorbereitete Verhältnisse. »Wenn ich auch gleich nichts fühle von deiner Macht, du führst mich doch zum Ziele, auch durch die Nacht«, bekennt die baltische Liederdichterin Julie Hausmann (1826–1901) in ihrem weltweit gesungenen Lied »So nimm denn meine Hände«. Ein Leben ist letztlich gesegnet, wenn es mit diesem letzten Ziel gesegnet ist.

Kummer und Sorgen sind kein Ausschluss, sondern Anschluss an Gottes Segen. Gesegnet ist ein Mensch, der es als Glück begreift, von Gott abhängig zu sein. Bei ihm eingerichtet, von ihm aufgerichtet, an ihm ausgerichtet. Wo Gott einen Menschen segnend anspricht, da nimmt er ihn in Anspruch. Segen ist kein Selbstzweck, er verpflichtet zur Weitergabe. Segen ist Dienst. Ich stelle meinen Nächsten unter Gottes Augen, unter seine Fürsorge.

»Nur aus dem Unmöglichen kann die Welt erneuert werden. Dieses Unmögliche ist der Segen Gottes« (Dietrich Bonhoeffer). Es ist also tausendmal wichtiger, Segensspuren statt Schlagzeilen zu hinterlassen. So bekommt das uralte Gotteswort an Israels Vater Abraham eine topaktuelle Bedeutung: »Ich will dich segnen ... und du sollst ein Segen sein« (1. Mose 12,2). Solche Leute braucht das Land! Persönlichkeiten mit Charakter, von Gott geprägt und gesegnet. Wie der Betriebsratsvorsitzende am Sarg des Firmenseniors als knappste Traueransprache sagte, die ich je hörte: »Der war echt!«

Und noch mehr verheißt Gott Abraham: »Ich will dir einen großen Namen machen.« Deshalb steht im griechischen Urtext des Neuen Testamentes für segnen das Wort »eulogein«. Das bedeutet: Gut von jemandem sprechen, ihn anerkennen. Was kann es wohl Größeres geben, als dass Gott zu mir »Ja« sagt. »Du gehörst trotz allem zu Gott« (Dietrich Bonhoeffer). Einen anderen segnen heißt: Gutes über ihn denken, reden und für ihn tun.

Leben im Segen – das ist kein Besitz, das ist Geschenk. Keine fromme Redensart, sondern begründete Gewissheit: Nicht die vergängliche Welt, sondern der ewige Gott hat mich in der Hand. Und diese Hand hält. Segen bringt nicht Erfolg, sondern Erfüllung.

Der Herr sei vor dir, um dir den rechten Weg zu zeigen.
Der Herr sei neben dir, um dich in die Arme zu schließen,
um dich zu schützen gegen Gefahren.
Der Herr sei hinter dir, um dich zu bewahren vor der
Heimtücke des Bösen.
Der Herr sei in dir, um dich zu trösten, wenn du traurig
bist.
Der Herr sei um dich herum, um dich zu verteidigen,
wenn andere über dich herfallen.
Der Herr sei über dir, um dich zu segnen.
So segne dich der gütige Gott, heute und morgen und
immer. Amen.
(Patrick, Apostel von Irland)

Und wenn Sie, liebe Leserinnen und Leser, nun meinen: »Na ja, wer's glaubt, wird selig!«, dann haben Sie alles begriffen, was ich zu sagen versuchte. Wer das glaubt, der wird selig, glückselig und im Tiefsten zufrieden und dankbar. Dieser Friede unter dem Segen Gottes ist mehr als bloße Befriedigung, diese innere Ruhe ist keine Friedhofsruhe. Sie macht im Hoffen und Handeln stark zur Tat, weil es ein festes Fundament gibt. Denn Glauben heißt: Wissen, was trägt.

Letzten Halt gibt nur die Wahrheit, tragfähige Basis liefert allein das Echte, das Bewährte und Stabile. Danach zu suchen, ist die lohnendste Lebensaufgabe. Und ihm zu begegnen, ist die wahre Sternstunde des Lebens. Unter Anspielung auf den G8-Gipfel 2007 in Heiligendamm meinte der Berliner EKD-Bevollmächtigte Bernhard

Felmberg in Anwesenheit der politischen Spitze Deutschlands: »Das Gipfeltreffen unseres Lebens ist und bleibt die Begegnung mit Jesus Christus. Diese Begegnungen sind die wahre Höhe unseres Lebens, diese dürfen wir im Herzen halten und auf der Zunge tragen.«

Am Grab eines deutschen Unternehmers zitierte die Tochter aus einem bewegenden Brief des Verstorbenen, den er kurz vor seinem Tod an seine Enkel verfasst hatte, quasi als Vermächtnis und Appell: »Euer Opa hat Euch sehr lieb gehabt und Euch angenommen ohne Vorbehalte. Sein Wunsch für Euch war und ist, dass Ihr Jesus Christus als Euren Freund annehmt und ihn in Euer Leben hineinnehmt. Das war ihm wichtig, wichtiger als gutes Benehmen, schulische Leistung, Abitur und Karriere. Euer Opa ist jetzt bei Jesus, und dort möchte er Euch wiedersehen. Euch, aber auch alle, die hierher zur Beerdigung gekommen sind.«

Wer in dieser Gewissheit selig sterben kann, der kann damit auch glücklich leben. »Wer Gott aufgibt, löscht die Sonne aus, um mit einer Laterne weiterzuwandern« (Christian Morgenstern, 1871–1914).

Bei »mediaKern« gerade erschienen

Peter Hahne
Mein Leben – lebenswert?

Bestell-Nr. 512 1000
ISBN 978-3-8429-1000-3
112 Seiten, gebunden,
11,4 x 18,5 cm
€ 7,95

Die Frage nach dem Wert des Lebens ist brennend aktuell. Sie stellt sich im persönlichen und im öffentlichen Leben. Kriege und Katastrophen bedrohen uns genauso wie Lebensmittelskandale und der neue Wellness-Wahn.

Peter Hahne, laut Moderatoren-Monitor 2010 Deutschlands beliebtester Polit-Talker, verteidigt den einzigartigen Wert des Lebens gegen alle Angriffe von Ausbeutung und Mobbing, Gentechnik und Embryonenforschung, von Abtreibung bis Sterbehilfe.
Hahne schreibt gewohnten Klartext in Kritik und Ermutigung: Wir sind mehr wert als die Summe unserer Leistungen, mehr als Karriere, Kommerz, Kapital und Konsum. Das Leben hat Wert und Würde, wir sind Originale und keine Kopie.

Peter Hahne · TV-Moderator und Bestseller-Autor

Attraktive Bändchen, die sich bestens dazu eignen, anderen etwas Gutes zu tun. Mit Texten von Peter Hahne, die positiven Zuspruch bieten – vom Evangelium geprägt, treffend formuliert.

Jeweils 32 Seiten, viele Farbbilder, gebunden, 16 x 12,5 cm, Umschlag mit Prägung, € 6,95

Bestell-Nr. 512 3001
ISBN 978-3-8429-3001-8

Bestell-Nr. 512 3002
ISBN 978-3-8429-3002-5

Bestell-Nr. 512 3003
ISBN 978-3-8429-3003-2